QUELLEN UND DOKUMENTE
ZUR EUROPÄISCHEN GESCHICHTE 2

Siegfried Ramler

Die Nürnberger Prozesse

Erinnerungen des Simultandolmetschers
Siegfried Ramler

Aus dem Englischen von Dr. Gerd Burger und Petra Huber

Martin Meidenbauer »

Siegfried Ramler wurde in Wien als Sohn jüdischer Eltern geboren. Ende 1938 floh er nach London, wo er seine Ausbildung im Fremdsprachenbereich fortsetzte und schließlich aufgrund seiner Zweisprachigkeit zu einer Stellung in der Dolmetschabteilung bei den Nürnberger Prozessen (1945–1949) kam. Die Heirat einer hawaiianischen Gerichtsstenographin führte ihn nach Hawaii, wo er seine lange Karriere als Lehrer der „Punahou School" und als Gründer des „Wo International Center" begann. Heute wirkt er als „Senior Adjunct Fellow" des hawaiianischen East-West-Center in der gesamten asiatisch-pazifischen Region.

Bibliografische Information der Deutschen Nationalbibliothek
Die Deutsche Nationalbibliothek verzeichnet diese Publikation in der Deutschen Nationalbibliografie; detaillierte bibliografische Daten sind im Internet über http://dnb.d-nb.de abrufbar.

© 2010 Martin Meidenbauer Verlagsbuchhandlung, München

Umschlagabbildungen: links: Abb. 59 (S. 77), rechts oben: Abb. 87 (S. 115), rechts unten: Abb. 71 (S. 96); © s. Bildnachweis (S. 193)

Alle Rechte vorbehalten. Dieses Werk einschließlich aller seiner Teile ist urheberrechtlich geschützt. Jede Verwertung außerhalb der Grenzen des Urhebergesetzes ohne schriftliche Zustimmung des Verlages ist unzulässig und strafbar. Das gilt insbesondere für Nachdruck, auch auszugsweise, Reproduktion, Vervielfältigung, Übersetzung, Mikroverfilmung sowie Digitalisierung oder Einspeicherung und Verarbeitung auf Tonträgern und in elektronischen Systemen aller Art.

Printed in Germany
Gedruckt auf chlorfrei gebleichtem, säurefreiem und alterungsbeständigem Papier (ISO 9706)

ISBN 978-3-89975-179-6
Verlagsverzeichnis schickt gern:
Martin Meidenbauer Verlagsbuchhandlung
Erhardtstr. 8
D-80469 München
www.m-verlag.net

Vorwort

Siegfried Ramlers Memoiren haben es verdient, dass man dem Buch viele Leser wünscht – schließlich erzählt es von einem langen Leben von mehr als achtzig Jahren auf vier Kontinenten und ist ein wichtiger Bericht für all jene, die sich für die internationale Strafgerichtsbarkeit[1] interessieren. Denn als junger Mann, der sich seinen Weg durch die ungewisse Welt der unmittelbaren Nachkriegszeit bahnen musste, war Ramler als Dolmetscher an den Prozessen beteiligt, denen wir die internationale Strafjustiz verdanken – einschließlich des Konzepts des Angriffskrieges und der Verbrechen gegen die Menschlichkeit. Siegfried Ramler trug in maßgeblicher Rolle zu den Vernehmungen und den Verhandlungen im Gerichtssaal bei, in deren Verlauf die in Nürnberg tätigen Juristen und Dolmetscher all jene Standards und Verfahren ausarbeiteten, auf die sich die internationalen Strafgerichtsprozesse gegen Kriegsverbrechen in Ex-Jugoslawien, Ruanda und anderswo beziehen, die in unseren Tagen verhandelt werden.

Auch heute noch können Strafverteidiger sowie Studenten des internationalen Strafrechts sehr viel aus den Ansichten und Reaktionen der in Nürnberg angeklagten Hauptkriegsverbrecher lernen. Als Dolmetscher und Übersetzer kam Siegfried Ramler in engen Kontakt zu so berühmt-berüchtigten Nazigrößen wie Hermann Göring und Rudolph Heß, die er dem Leser anhand ihres Verhaltens bei den Verhören und vor Gericht gewissermaßen in Nahaufnahme vor Augen führt.

Ramlers Berichte vom „Anschluß" Österreichs an Nazi-Deutschland, seine Darstellung der so genannten Kristallnacht in Wien sowie von den in London bei den allnächtlichen Bombenangriffen des „Blitz" gemachten Erfahrungen ergeben eine spannende Lektüre. Dass es Herrn Ramler gelang, anschließend seine Talente und seine ureigenen Erfahrungen einzusetzen, um zahlreichen jungen Menschen im Rahmen internationaler Pädagogik Schulbesuche im Ausland zu ermöglichen, bezeugt das hohe Maß an Energie und persönlichem Engagement, mit dem er die Dinge anpackt, die ihm am Herzen liegen. Ob nun als Chronist des Weltkriegs, als Familienvater, Sprachwissenschaftler, Lehrer, internationaler Pädagoge oder Simultandolmetscher – Siegfried Ramlers Lebensgeschichte spiegelt eine ganze Ära, noch dazu in überaus lesenswerter Form.

---

[1] vgl etwa http://www.amnesty.ch/de/themen/menschenrechte/internationales-strafrecht-2.

Siegfried Ramler ist einer jener äußerst selten zu findenden Menschen, deren unbezwingbarer Lebensmut einen jeden beeindruckt, der das Glück hat, ihn persönlich kennen zu lernen.

Richard J. Goldstone
Richter und vormals Chefankläger der UN-Tribunale für Ex-Jugoslawien und Ruanda[2]

---

[2] vgl. Strafrecht und Justizgewährung; Festschrift für Kay Nehm zum 65. Geburtstag von Kay Nehm, Rainer Griesbaum, Rolf Hannich, Karl ... – 2006.
Dort wird plädiert, abweichend vom deutschen Usus von „Ankläger" zu reden ... Jugoslawien (ICTY) und des Internationalen Strafgerichtshofs für Ruanda ... das vertraute Sprechen von „Staatsanwalt" und „Staatsanwaltschaft" anbieten ...
Schriftstücke des Schweizer Parlaments dagegen titulieren Richard Goldstone als „Oberstaatsanwalt".

Vorrede

Jede Lebensgeschichte ist, wie das in der Natur des Menschen liegt, einzigartig. Für die Lebensgeschichte Siegfried Ramlers gilt dies allemal. Denn ob man an seine Kindheit in Wien denkt oder an die von seiner Familie durchlittenen Gefahren bei der widerrechtlichen Aneignung Österreichs durch die Nazis, an seine Flucht aus der Gefahr, die in einem Kindertransport nach London vor Kriegsbeginn gelang, oder aber an seine Arbeit als Dolmetscher und Übersetzer bei den Nürnberger Prozessen – Siegfried Ramlers Leben ist aufs Engste mit den großen historischen Ereignissen des 20. Jahrhunderts verknüpft.

Dann kam als nächste große Wende Hawaii. Zunächst in Gestalt einer Hawaiianerin, die als Gerichtsstenographin in Nürnberg arbeitete. Ihre Freundschaft wurde zu Liebe, führte zur Heirat in Paris. Dem folgte das Berufsleben auf Hawaii; zunächst war Siegfried Ramler als Fremdsprachenlehrer tätig, dann im Bereich der internationalen Pädagogik mit Schwerpunkt auf dem asiatisch-pazifischen Raum.

Genau wie Hawaii selbst spiegelt auch Siegfried Ramlers Leben multikulturelle Vielfalt, offenen Sinn und offenes Herz, dazu ein gesundes Maß an Verständnis für und Respekt vor dem anderen.

Daniel K. Inouye
US Senator

Inhalt

Wien 1924 bis 1938	14
Der „Anschluss"	24
Die „Kristallnacht und der Kindertransport	27
Der Kladovo-Transport	33
London 1938 bis 1944	37
Der Londoner Blitz	44
London in Flammen – Ein Stimmungsbild von Ernie Pyle	47
Aus heiterem Himmel – ferngelenkte Waffen	49
Nürnberg 1945 bis 1949	52
Meine Teilnahme an den Nürnberger Kriegsverbrecherprozessen	60
Das „Umfeld" der Nürnberger Prozesse	62
Die Vorbereitungen auf die Verhandlungen	62
Die Vernehmungen in den Nürnberger Vorverfahren	64
Die Strategie der Verteidigung	67
Die beteiligten Juristen	68
Das Vermächtnis der Nürnberger Prozesse	69
Mitläufer und Widerstand	72
Das Attentat vom 20. Juli 1944	73
Die schwierige Aufgabe der Simultanübersetzung	75
Die Angeklagten	84
Hermann Göring	84
Albert Speer	86
Rudolf Heß	88
Martin Bormann – der fehlende Angeklagte	91
Die Militärführung	96
Eindrücke aus dem Gerichtssaal	99
Die Atmosphäre im Nürnberg der Kriegsverbrecherprozesse	102
Die erschütternde Zeugenaussage des Rudolf Höß	104
Das Affidavit	106
Die Vollstreckung der Todesurteile	109

Die Nachfolgeprozesse	111
Der Ärzteprozess	112
Nürnberger Freundschaften	114
Piilani Ahuna	117
Die Zeit nach Nürnberg – meine erste Reise nach Hawaii	125
Hawaii – 1949 bis heute	128
Die ersten Jahre auf Hawaii	128
Masterarbeit an der Universität von Hawaii	131
Lehrer an der Punahou School auf Hawaii	133
Familie und Freunde auf Hawaii	138
Punahou knüpft Kontakte in alle Welt	141
Mein Sabbatical in Südfrankreich	148
Reisen, Vorträge und Artikel	150
Eine neue Herausforderung an Punahou	152
Internationale Bildungskooperationen	154
Austauschprogramme mit der Keio High School in Japan	155
Das Pan-Pazifik-Programm	157
Kontakte zu China	160
Die Gründung des „Wo International Center"	162
Kooperationen mit Japan	165
Audienz beim japanischen Kaiserpaar	165
Piilani erkrankt an Alzheimer	167
Mitarbeit beim East-West-Center und am Pacific Basin Consortium	169
Kiyoko	173
Der Literaturzirkel „Damon Book Group" und die „World Association of International Studies"	177
Entdeckungsreisen	179

Über die Rolle des Sports in meinem Leben   182

Schlussfolgerungen   185

Danksagungen des Autors   190
Danksagungen des Layouters   191
Bildnachweis   193

Abbildung 1 und 2: Abteilungen der Hitlerjugend marschieren im Jahre 1937 durch die Altstadt von Nürnberg. Man beachte die Aufforderung in der Unterzeile des Plakats: „Alle Zehnjährigen in die HJ." Ob in der Hitlerjugend oder beim Bund Deutscher Mädchen (BDM), dem Pendant zur HJ, in beiden Uniform tragenden Organisationen wurden Kinder und Jugendliche sehr früh in die Nazibewegung eingegliedert und mit judenfeindlichen Parolen und militaristischer Ausbildung indoktriniert.

Abbildung 3: Eine Familie vor dem Schaufenster eines Esslokals.

Abbildung 4: Ich
in Wien, 3 Jahre alt

Abbildung 5: Ich in Wien,
10 Jahre alt

Abbildung 6: Ich
in Wien, 11 Jahre alt

Abbildung 7: Ich in Wien,
12 Jahre alt

Wien 1924 bis 1938

Meine Eltern zogen Anfang des 20. Jahrhunderts aus dem polnischen Galizien, das heute zur Ukraine gehört, ins Österreich der Kaiserzeit. Ich war der Jüngste von drei Geschwistern und verbrachte meine Kindheit im Wiener zweiten Bezirk, der Leopoldstadt. Dort lebte ein buntes Völkergemisch aus Österreichern, Tschechen, Ungarn, Polen, darunter eine beträchtliche Anzahl von Juden; sie alle waren als Bewohner der inzwischen längst untergegangenen österreichisch-ungarischen Donaumonarchie nach Wien gezogen. Auch meine Eltern hatten sich durch den Umzug in die österreichische Hauptstadt eine Verbesserung ihrer Lebensumstände erhofft, die bis dahin geprägt war von Schikanen, Pogromen sowie der sehr schwierigen wirtschaftlichen Lage in Polen. Sie sprachen nie mit uns über ihr früheres Leben in Polen. Doch mussten sie zweifellos gute Gründe gehabt haben, mit noch so jungen Kindern auszuwandern und ihr Familienleben in Wien wieder ganz neu aufzubauen.

Abbildung 8: Eine stereoskopische Postkarte des Wiener Franzensrings, laut Bildunterschrift „in den Augen vieler die schönste Straße Europas". Das Gebäude links mit dem griechischen Portikus ist das Parlament, der neugotische Bau mit dem hohen Turm das Wiener Rathaus. Die Aufnahmen wurden mit einer speziellen Kamera angefertigt, deren Linsen eine leichte Parallaxenverschiebung bewirken. Dies ergibt bei der Betrachtung im Stereoskop einen dreidimensionalen Effekt, ähnlich wie beim später entwickelten View-Master.

Von unserer Wohnung in der Leopoldstadt, die an den Donaukanal angrenzte, kam man zu Fuß über eine der diversen Brücken in nur wenigen Minuten in die Wiener Innenstadt. Dort befanden sich die prächtigen Bauten der Regierung, der Verwaltung, des Handels und auch die Vergnügungsstätten, während in der Leopoldstadt überwiegend Leute mit eher bescheidenen Einkommen zu Hause waren. Wir wohnten in einer einfach eingerichteten Wohnung im dritten Stock eines Miethauses in einer schmalen Gasse mit Kopfsteinpflaster, gesäumt von niedrigen Wohnhäusern. Die Küche war der wichtigste Versammlungsort unserer Familie. Hier nahmen wir in der Regel unsere Mahlzeiten ein. Das Wohnzimmer wurde nur zu besonderen Anlässen benutzt, vor allem wenn Freunde oder Verwandte zu Besuch kamen. Supermärkte gab es zu jener Zeit noch keine; meine Mutter kaufte in kleinen Gemischtwarenläden ein, bei Metzgern und Bäckern, die ihre Kundschaft noch mit Namen kannten – und bei denen man bei Bedarf anschreiben lassen konnte. Zum Einkaufen schickte mich meine Mutter oft zu einem Gemüse- und Obstladen ganz in der Nähe, der einer ungarischen Familie gehörte.

Das Sperlgymnasium, das ich von 1934 bis 1938 besuchte, konnte ich von unserer Wohnung aus gut zu Fuß erreichen. Einige meiner Schulkameraden lebten ebenfalls in unserer Straße; wir trafen uns oft nach der Schule in einem nahe gelegenen Park zum Fußballspielen. Unsere Mannschaften bestanden nur aus zwei bis vier Spielern. Das Fußballspielen im Park war zu jener Zeit streng verboten. Einer von uns wurde als Wache eingeteilt, um uns zu warnen, sobald ein Gendarm oder Parkwächter sich näherte, damit wir uns rechtzeitig aus dem Staub machen konnten. Außer den spontanen Fußballbegegnungen im Park trieb ich keinen Sport, aber ich war ein begeisterter Fußballfan und verfolgte im Radio und in den Zeitungen aufmerksam die Spiele der österreichischen Liga.

In meinen frühen Jugendjahren kam ich nie in Berührung mit dem Wien der Operetten, Walzer und Kaffeehaus-Gesellschaften. Trotzdem war Wien für mich eine Stadt voller Klänge und Geräusche. Ich erinnere mich noch gut an einen Drehorgelspieler und die Melodien von Strauß, die durch das geöffnete Fenster in unsere Wohnung wehten. In der schmalen Gasse unten boten Scherenschleifer ihre Dienste an, fliegende Händler zogen ihre Handkarren über das Kopfsteinpflaster. Mozarts Musik lernte ich über die in unserem Haus laufenden Empfangsgeräte kennen, die Konzertaufnahmen übertrugen.

An Sonntagen nahm mich mein Vater mit in den Prater, den großen Vergnügungspark mit seinem berühmten Riesenrad gleich beim Eingang, das später in Orson Welles Spielfilm „Der dritte Mann" eine so wichtige Rolle spielen sollte. Wir gingen immer in eines der Cafés entlang der Spazierwege des Praters und bestellten uns Eiscreme oder ein Stück Wiener Torte. Mein Vater zeigte mir auch das etwas außerhalb gelegene Schloss Schönbrunn, in dem Kaiser Franz Joseph residiert und regiert hatte. Die majestätische Kulisse der barocken Architektur und die prächtige Ausstattung beeindruckten mich damals sehr.

Abbildung 9: Schloss Schönbrunn ist eines der herausragenden Barockensembles Wiens und zählt heute zum Weltkulturerbe der UNESCO. Der Palast und das Parkareal wurden um 1770 in der Regierungszeit Maria Theresias fertiggestellt und waren das kulturelle Zentrum des Habsburgerreichs. 1762 musizierte das Wunderkind Wolfgang Amadeus Mozart als Sechsjähriger zum ersten Mal vor der Kaiserin und ihren Gästen. Nach der Niederlage im Ersten Weltkrieg und dem Ende der Doppelmonarchie im Jahre 1918 machte die neu geschaffene Republik Österreich das Schloss zum Museum. Im Zweiten Weltkrieg wurde das Ensemble von alliierten Bomben beschädigt, doch nach dem Krieg wieder restauriert. 1961 war es der Schauplatz des sogenannten „Wiener Gipfeltreffens" zwischen John F. Kennedy und Nikita Chruschtschow.

Abbildung 10: Der Wurstelprater ist der Rummelplatz im großen Wiener Volkspark Prater. Das Gebiet diente einst als kaiserliches Jagdrevier und war nur dem Adel zugänglich, bis Kaiser Joseph II. 1766 den Wienerinnen und Wienern rund zwanzig Hektar als Erholungsgebiet schenkte. Kleinen Essbuden und Cafés folgten bald Karussells und andere Fahrgeschäfte. Das Riesenrad wurde 1897 gebaut und ist 65 Meter hoch. 1945 wurde es bei einem Bombenangriff zerstört, 1946 gleichzeitig mit Stephansdom, Staatsoper und Burgtheater wieder aufgebaut.

Einer meiner Onkel mütterlicherseits war in der Textilbranche tätig und besaß ein Sommerhaus mit kleinem Garten am Rande von Wien, wo wir ihn ab und zu an den Wochenenden besuchten. Meine erste Fahrt in einem Automobil, einem Taxi, das uns dorthin brachte, war eine unvergessliche Erfahrung und ein luxuriöses Abenteuer zugleich. Einen ähnlichen Eindruck hinterließ vielleicht mein erster Flug – ein Erlebnis, das erst viel später folgte.

Im Frühling des Jahres 2005, als ich mit meiner Tochter eine Europareise unternahm und ich ihr endlich meine Wiener Geburtsstadt zeigen konnte, führte uns unser Weg unter anderem zu meiner alten Wohnung und auch zu meiner damaligen Schule. Die heutige Schuldirektorin, eine reizende, gastfreundliche Dame, empfing mich aufs Herzlichste und suchte auf meinen Wunsch sogar meine alten Schulunterlagen aus den Jahren 1934 bis 1938 heraus.

Denke ich an meine Zeit an der Oberschule in Wien zurück, fallen mir sofort einige ausgezeichnete Deutschlehrer ein. Ich erinnere mich noch sehr genau, wie ich bei ihnen die großen Dichter kennenlernte, vor allem Schiller und Goethe mit ihren Oden und Gedichten, die wir auswendig vortragen mussten. Diese Erfahrungen trugen maßgeblich zu meiner Liebe zur Sprache bei und förderten mein Sprachgefühl, was mir bei meinem zukünftigen Beruf als Sprachlehrer sehr zugutekommen sollte. Meinen Schülern versuchte ich später zu vermitteln, dass nicht allein Wortschatz und Grammatik den Zugang zu einer fremden Sprache erschließen, sondern insbesondere auch der Gebrauch von Ton und Klang, weil darin Gefühl und Einfühlung zum Ausdruck kommen, wie sie besonders aus der Lyrik sprechen. Durch lautes Vorlesen und das Auswendiglernen von Gedichten prägen sich einem Rhythmus und Schönheit einer Sprache ein, bis man sie verinnerlicht hat.

Auch in Latein, einem meiner Lieblingsfächer, erhielt ich gute Noten. Beste Erinnerungen habe ich an einen engagierten Lateinlehrer, der sich dafür einsetzte, Latein keinesfalls als tote Sprache zu betrachten – daher regte er im Unterricht lebhafte Gespräche an, die wir auf Lateinisch führten. Meine Lateinkenntnisse erleichterten mir ohne Zweifel mein späteres Studium der französischen Sprache. Zur Mathematik fand ich bedauerlicherweise nie den richtigen Zugang. Das Fach Geschichte hingegen machte mir viel Spaß, vor allem bei jenen Lehrern, deren Unterricht die Vergangenheit lebendig und anschaulich werden ließ.

Gerne erinnere ich mich auch an Schulausflüge in die Wälder und Berge der Umgebung Wiens, organisiert und begleitet von einem beliebten Lehrer, Dr. Kornitzer sein Name, der seine freien Wochenenden opferte, um seinen Schülern die Freude an der Natur zu vermitteln. Ein derart angenehmer und entspannter Umgang wurde mir später zum Vorbild für meine eigene pädagogische Laufbahn.

Abbildung 11: Ich (im roten Kreis) mit meinen Klassenkameraden aus dem Wiener Sperlgymnasium bei einem Schulausflug in den Wienerwald.

Da ich keine Brüder habe und meine beiden Schwestern einige Jahre älter waren als ich, spielte der Umgang mit gleichaltrigen Jungen in meiner Jugend eine wichtige Rolle. Unermüdlich plaudernd und schwatzend zogen wir auf Entdeckungstour los, spazierten durch die Straßen Wiens, durch unser Viertel und die Parks. In den Gesprächen teilten wir uns Erfahrungen und Eindrücke mit, tauschten unsere Meinungen und Ansichten aus und entwickelten dadurch neues Selbstvertrauen. Dabei sprachen wir über unser Schulleben, über beliebte und unbeliebte Lehrer, ebenso über Sport und populäre Musik. In jenen Tagen unterrichteten die Lehrer ausschließlich im Frontalunterricht, was wenig oder gar keinen Raum für Diskussionen bot. Der rege Gedankenaustausch unter Gleichaltrigen stillte so unser Bedürfnis nach Selbstvergewisserung und eigener Meinungsbildung.
Ich begann früh zu lesen. Mit besonderer Leidenschaft und Begeisterung tauchte ich in die abenteuerliche Welt Karl Mays ein; viele seiner Romane spielten im Wilden Westen, ihre Helden waren Winnetou, der tapfere Häuptling der Apachen, und sein Freund und Blutsbruder Old Shatterhand. Als Leser dieser beliebten Geschichten befand ich mich in bester Gesell-

schaft, denn auch Albert Einstein und Hermann Hesse waren Anhänger Karl Mays. In einer späteren Phase las ich die nordischen Mythen, die so genannten Heldensagen, zu denen nicht zuletzt die Nibelungensage zählt, aus deren Motiven und Gestalten Richard Wagner seine Opern schuf. Ich habe leider nie in Erfahrung gebracht, ob meine Eltern meinen Vornamen Siegfried aufgrund dieser Sagen gewählt hatten.

Womit genau mein Vater Lazar seinen Lebensunterhalt bestritt, habe ich nie so recht begriffen. Auch sein Geburtsort ist mir nicht bekannt. Ich wusste nur soviel, dass er zusammen mit meinem Onkel, der im gleichen Gebäude wie wir wohnte, in der Textilbranche tätig war. Seinerzeit wäre es Kindern nie in den Sinn gekommen, die Eltern nach ihrem Beruf zu befragen. Aber was auch immer er beruflich im Einzelnen machen mochte, mein Vater war ein ruhiger und liebenswerter Mensch, der in seiner Umgebung Ruhe und Gelassenheit ausstrahlte. Meine Mutter Eugenie war spürbar temperamentvoller; sie kümmerte sich um die Familie und verfolgte aufmerksam unsere schulische Entwicklung. Wir waren gehorsame Kinder, die keinen Ansporn von außen brauchten; wir machten unseren Eltern keine Sorgen. Ich erinnere mich nicht daran, dass ich als Jugendlicher je gegen meine Eltern aufbegehrt oder gar rebelliert hätte.

Abbildungen 12 und 13: Links mein Vater Lazar und ich in unserer Wiener Wohnung. Ich trage die traditionelle Lederhose. Rechts meine Mutter Eugenia Ramler.

Meine beiden Schwestern waren ausgezeichnete Schülerinnen und trafen sich oft mit Klassenkameradinnen, um sich mit ihnen gemeinsam auf Prüfungen vorzubereiten. Sie hatten einen großen Freundeskreis, wurden ständig zu Festen eingeladen und gingen oft ins Theater oder in die Oper. Ich war noch zu jung, um mit dabei zu sein, aber ich ließ mir haarklein von ihren Unternehmungen berichten. Lotte, meine jüngere Schwester, erzählte mir später einmal, dass sich ein Lehrer in sie verliebt und sogar bei den Eltern um ihre Hand angehalten hatte. Sie nahm den Heiratsantrag aber nicht ernst, und so wurde nichts daraus.

Das gesellschaftliche Leben meiner Eltern spielte sich überwiegend im Kreis der näheren Verwandten ab. Neben diesen Zusammenkünften innerhalb der Familie gab es jedoch noch die sogenannten Freunde des Hauses, die ohne Anmeldung einfach so vorbeischauten, um unsere Eltern zu besuchen und mit uns eine Tasse Zitronentee zu trinken und Kekse zu essen. Kam unser Hausarzt vorbei, um nach mir zu sehen, wenn ich mit einer fiebrigen Erkältung im Bett lag, war seine Visite eher ein Freundschafts- denn ein Arztbesuch, da er sich lange mit meinen Eltern bei einer gemütlichen Tasse Tee unterhielt.

Als Kind und in meiner frühen Jugendzeit wurde ich als einziger Sohn und jüngerer Bruder von meinen Eltern und den Schwestern verhätschelt, ja geradezu verzogen. Meine Schwestern nannten mich „Bubi". Diese Herzenswärme und Zuneigung, die ich von meiner Familie erfahren habe, hat zweifellos mein Selbstvertrauen sehr gestärkt – und dies sollte ich in meinem späteren Leben noch bitter nötig haben.

Meine Schwestern engagierten sich in den ersten Jahrzehnten des 20. Jahrhunderts stark in der Zionistischen Bewegung, die der in Wien lebende Theodor Herzl ins Leben gerufen hatte. Die zionistische Bewegung entstand als Antwort auf die immer stärker zunehmenden antisemitischen Tendenzen im westlichen Europa und die immer wieder aufflammenden Pogrome in Osteuropa, die schon lange vor der Machtergreifung der Nazis viele Todesopfer forderten.

Die berühmt-berüchtigte und in der Öffentlichkeit stark beachtete Dreyfus-Affäre in Frankreich war für Herzl der Auslöser seines politischen Engagements. Dreyfus, ein aus dem Elsass stammender jüdischer Artilleriehauptmann, wurde fälschlicherweise des Landesverrats bezichtigt, vor ein Kriegsgericht gestellt, seines Dienstgrades enthoben und lebenslang auf die Teufelsinsel verbannt. Nach der Wiederaufnahme des Verfahrens wurde er letztendlich freigesprochen und vollständig in seine früheren Rechte wieder eingesetzt – im Ersten Weltkrieg kämpfte er dann für Frankreich. Die bis ins Einzelne dokumentierte Ungerechtigkeit dieses Falles erweckte in Herzl und seinen an sich assimilierten Anhängern ein neues Bewusstsein für ihr Judentum und zugleich auch den Wunsch, durch die Errichtung eines jüdischen Staates einen Ausweg aus dem immer wieder bedrohten Leben in der jüdischen Diaspora zu bahnen.

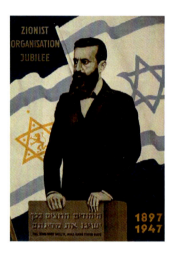

Abbildung 14: Theodor Herzl (1860–1904, geboren in Budapest, gestorben in Reichenau an der Rax in Niederösterreich) begründete von Wien aus den politischen Zionismus. Herzls Bewegung zog viele Menschen an (sowie auch meine beiden Schwestern) und hatte maßgeblichen Einfluss auf die Staatsgründung Israels.

Meine ältere Schwester Adele, eine zionistisch motivierte Idealistin, wanderte 1933 nach Palästina aus, das zu dieser Zeit unter britischem Mandat stand, um sich einem Kibbuz, einer landwirtschaftlichen Genossenschaft, anzuschließen. Zur Einreise nach Palästina benötigte sie die begehrte Einwanderungserlaubnis der britischen Behörden. Um noch einer zweiten Person die Einreise mit derselben Erlaubnis zu ermöglichen, ging meine Schwester, wie es damals des Öfteren geschah, eine Scheinehe ein, die in Palästina sofort wieder aufgelöst wurde. Meine jüngere Schwester Lotte folgte ihr einige Jahre später nach. Beide heirateten, gründeten Familien und ließen sich in der Hafenstadt Haifa nieder. Als Nazi-Deutschland 1938 Österreich annektierte, hatte dies verheerende Folgen für die österreichischen Juden. Palästina, das spätere Israel, wurde durch meine dort lebenden Schwestern zum rettenden Hafen, in den sich meine Eltern flüchten konnten.

Abbildung 15: Adele Ramler

Abbildung 16: Lotte Ramler

Der „Anschluss"

Abbildung 17: Eine Abteilung der Wiener Hitlerjugend salutiert Baldur von Schirach, dem Reichsjugendführer und Gauleiter von Wien nach dem „Anschluss" von Österreich an Nazideutschland im Jahr 1938. Um den sich ausbreitenden Judenverfolgungen zu entgehen, verließ die Familie Ramler Wien im darauf folgenden Jahr. Bei den Kriegsverbrecherprozessen in Nürnberg wurde von Schirach der Verbrechen gegen die Menschlichkeit für schuldig befunden und zu zwanzig Jahren Haft verurteilt, die er im Kriegsverbrechergefängnis Spandau absaß.

Denke ich an die Ereignisse des „Anschlusses", der von Hitler vorangetriebenen Annexion Österreichs durch Nazi-Deutschland, werden bestimmte Ereignisse und Sinneseindrücke in meiner Erinnerung schlagartig miteinander verbunden. Deutlich habe ich die Hakenkreuzfahnen an den Häusern vor Augen, sehe die SA-Kolonnen mit ihren Hakenkreuzarmbinden, die im Gleichschritt durch die Straßen marschieren, höre die Marschmusik aus dem Radio. Eine unsichere und gefährliche Zukunft brach an und warf unheilvolle Schatten voraus. Unsere Lehrer waren verpflichtet, vor jeder Unterrichtsstunde mit „Heil Hitler" zu grüßen und den rechten Arm zu heben, wir Schüler mussten den Gruß im Chor erwidern. So mancher meiner Lehrer fand diesen Nazi-Gruß widerwärtig und hob den Arm nur schlaff und widerwillig, ohne jede Überzeugung.

Vier Jahre vor dem „Anschluss" von 1938 war der österreichische Kanzler Engelbert Dollfuß, ein konservativer Nationalist und Gegner einer Vereinigung des Landes mit Deutschland, von österreichischen Nazis ermordet worden. Es folgte eine Zeit der Unruhen, geprägt von immer stärker werdendem politischem Druck durch das nationalsozialistische Deutschland. Der Nachfolger von Dollfuß, Kurt Schuschnigg, wurde in Hitlers Domizil im Obersalzberg bei Berchtesgaden beordert und gezwungen, den Nazis Schlüsselpositionen in seinem Kabinett zu überlassen. Als Schuschnigg eine Volksabstimmung über die Frage einer Vereinigung mit Deutschland abhalten wollte, antwortete Hitler mit dem Einmarsch in Österreich, der totalen Machtübernahme und der Verhaftung des Bundeskanzlers Schuschnigg.

Der wirtschaftliche Niedergang in den Dreißiger Jahren mit seinen Turbulenzen und Schwierigkeiten schuf einen optimalen Nährboden für den politischen Erfolg der Nazis auch in Österreich. Die österreichische Regierung konnte sich deswegen nur schwer dem von Nazideutschland ausgeübten Einfluss entziehen. Ohne Gegenwehr durch das österreichische Bundesheer wurde die deutsche Wehrmacht bei ihrem Einmarsch von einer begeisterten Bevölkerung mit Jubel begrüßt.

Abbildung 18: Während die österreichischen Nationalisten 1938 gegen die Annexion durch Nazi-Deutschland waren, wurde der „Anschluss" von der Mehrheit begeistert begrüßt, wie von diesen jungen Mädchen, die einem deutschen Soldaten zujubeln.

Abbildung 19: Ein österreichisches Wahlplakat setzt voll und ganz auf Adolf Hitler, den gebürtigen Braunauer.

Abbildung 20: Die Wiener Sängerknaben begrüßen Hitler und sein Gefolge bei dessen erstem offiziellem Besuch in Wien nach dem Anschluss.

Abbildung 21: Die Nazis demütigten die Juden, indem man sie vor der lachenden Menge die Straßen Wiens schrubben ließ. Antisemitismus war in Österreich weit verbreitet – von den rund 200.000 österreichischen Juden der 1930er Jahre floh etwa jeder Zweite außer Landes, 65.000 kamen ums Leben. Heute leben in Österreich nur noch ca. 10.000 Juden.

Abbildung 22: Eine mit Hakenkreuzen und der Ankündigung einer Rede des Reichsministers Rudolf Heß geschmückte Straßenbahn. 99,73 Prozent stimmten am 10. April 1938 bei einer „Volksabstimmung" für die Vereinigung mit dem Deutschen Reich.

Zwei unterschiedliche Erklärungsansätze bestimmen die Diskussion über die Begleitumstände und die Rolle, die Österreich beim Anschluss an Nazideutschland spielte: Österreich wird entweder als erstes Opfer der Nazi-Aggression in Europa gesehen oder aber als ein Staat, der sich freiwillig und enthusiastisch ins Dritte Reich eingliederte. Beide Erklärungen klingen bis auf den heutigen Tag nach, sobald diese unselige Ära der Geschichte Österreichs zur Sprache kommt.

Als Kind machten auf mich die Fahnen und das Militär auf den Wiener Strassen einen nachhaltigen Eindruck. Die politischen Zustände konnte ich noch nicht begreifen. Erst später wurde mir im Rückblick klar, dass die Begeisterung für den Anschluss die stärkste Rolle bei diesem Spektakel spielte.

Als die Nazis hier die Macht übernahmen, wurde Wien, das schon lange von einem verborgenen und stetig wachsenden Antisemitismus geprägt war, für die zahlreiche jüdische Bevölkerung sehr schnell zu einer realen Bedrohung. Österreichische Nazis trieben jüdische Gläubige nach dem Besuch der Synagoge zusammen und zwangen sie unter dem Beifall der Umstehenden, auf allen vieren Straßen und Bürgersteige zu säubern. Innerhalb kurzer Zeit wurden jüdische Unternehmen und Geschäfte enteignet und Juden aus akademischen Berufen und Regierungsposten entlassen. Prominente oder sonstwie im Kultur- und Universitätsleben Österreichs einflussreiche Juden wurden aus ihren Stellungen entfernt, zur Auswanderung gezwungen oder in Konzentrationslager gesperrt. Einer dieser berühmten Flüchtlinge war Sigmund Freud, der in England Zuflucht fand. Auch der Komponist Arnold Schönberg und der Filmregisseur Billy Wilder zählten zu der beträchtlichen Zahl der von den Nationalsozialisten Vertriebenen.

Die „Kristallnacht" und der Kindertransport

Meine Eltern waren sehr in Sorge um mich, ihren einzigen Sohn, und wollten, dass ich Österreich so schnell wie möglich verlasse. Sie selbst erhielten die Mitteilung, dass sie ihre Wohnung innerhalb von zwei Wochen zu räumen hatten. Die Angst vor einer ungewissen Zukunft ohne feste Bleibe wurde noch gesteigert durch die Ereignisse der so genannten „Kristallnacht", die heute treffender und weniger beschönigend als Pogromnacht bezeichnet wird. In ganz Deutschland und Österreich wurden Bürger jüdischen Glaubens gewalttätig angegriffen, ihre Geschäfte und die Synagogen von randalierenden Mobs verwüstet. Die Pogromnacht wurde am 9. November 1938 auf Befehl Hitlers als Vergeltung für die Tötung eines deutschen Diplomaten in Paris durch einen jungen polnischen Juden geplant und durchgeführt. Mit Vorschlaghämmern und Brandbeschleunigern ausgerüstete SS- und SA-Leute zerschlugen die Schaufenster von Geschäften jüdischer Gewerbetreibender, schändeten Thoraschreine und brannten die Synagogen nieder. Sie brachen in Häuser ein, schlugen und verhafteten die jüdischen Bewohner, brachten sie zu Sammelstellen und transportierten sie auf Lastwagen in Lager ab. Diese fürchterlichen Ereignisse waren lediglich Vorboten der kommenden Tragödie und des Holocausts.

Abbildung 23: Nazi-Braunhemden hängen ein Hetzplakat an das Geschäft eines jüdischen Besitzers: „Keinen Pfennig den Juden".

Der zweite Bezirk Leopoldstadt mit seiner zahlreichen jüdischen Bevölkerung wurde in dieser Nacht zum Ziel heftiger Angriffe. Ich weiß noch, dass ich in dieser Nacht nicht schlafen ging und durch die Vorhänge unserer Fenster die Tumulte beobachtete. Als wir sahen, dass SS-Männer in unsere Gasse marschierten, gefolgt von Lastwagen, entschied mein Vater, dass wir uns auf dem Dachboden verstecken sollten. Mit vor Aufregung und Angst klopfendem Herzen löschten wir in unserer Wohnung das Licht und hofften inständig, dass die Gefahr vorübergehen möge. Zu unserer großen Erleichterung drangen die SS-Leute tatsächlich nicht in unser Haus ein, wodurch mein Vater der Verhaftung entging. Mein Großvater mütterlicherseits jedoch, der mit seiner Frau in einem anderen Wiener Bezirk wohnte, wurde festgenommen und in das Konzentrationslager Buchenwald gebracht, wo er umkam. Mein Großvater war ein liebenswerter, höflicher Mensch und ein begnadeter Geschichtenerzähler, den wir oft besucht hatten. Sein Tod, der unsere Familie ganz unmittelbar traf, war ein erstes Vorzeichen für die Millionen Ermordeten des Holocaust, die später folgen sollten. Ich empfand die „Kristallnacht" als besonders bösartigen Ausdruck des nationalsozialistischen Terrors, der bald darauf massiv an Gewalt und Intensität zulegte, bis das Dritte Reich schließlich sechs Jahre später endgültig besiegt war. Dass ich einmal aktiv daran beteiligt sein würde, die für diese Barbarei Verantwortlichen in Nürnberg vor Gericht zu stellen und ihre unmenschlichen Untaten im Detail vor den Ohren der Weltöffentlichkeit zu dokumentieren, konnte ich damals selbstverständlich noch nicht ahnen.

Am Tag nach der Pogromnacht in Deutschland und Österreich erschien in der Londoner *Times* folgender Leitartikel: „Keine ausländische Propaganda, die zielgerichtet das Ansehen Deutschlands in der Welt hätte anschwärzen wollen, könnte die Berichte übertreffen, die Zeugnis ablegen von den niederträchtigen Übergriffen gegen schutzlose und unschuldige Personen, den Prügelorgien und Brandstiftungen, die gestern Schande über dieses Land brachten."[3]

Nach der Pogromnacht und der weiter bestehenden Gefährdung ihrer Glaubensgenossen wandten sich einflussreiche britische Juden, unterstützt vom BJRC, dem britischen Komitee zur Unterstützung jüdischer Flüchtlinge, an die Regierung, Kindern und Jugendlichen unter siebzehn Jahren aus Deutschland, Österreich und dem Sudetenland die Einreise nach Großbritannien zu erlauben. Diese Rettungsaktion, „Kindertransport" genannt, wurde im britischen Parlament nach einer Debatte im Unterhaus gebilligt und verabschiedet. Auf diese Weise kamen über zehntausend Kinder nach Großbritannien, wo sie bei Gastfamilien, in Jugendherbergen oder auf Bauernhöfen untergebracht wurden. Einige dieser Kinder landeten letztendlich in den USA und in Kanada. Manche der älteren Jugendlichen gingen zum britischen Militär, sobald sie achtzehn wurden, und beteiligten sich später aktiv an den Kämpfen gegen das Naziregime. Die meisten der mittels Kindertransport in Sicherheit gebrachten Kinder sahen ihre Eltern jedoch nie wieder. Die Kindertransporte begannen bereits einen Monat nach der Pogromnacht und wurden bis zum Ausbruch des Krieges im September 1939 durchgeführt. Bei meiner Abreise im Dezember 1938 war ich vierzehn Jahre alt. England war für mich ein naheliegenderes Reiseziel als für viele andere Gleichaltrige, da zwei meiner Onkel in London lebten, die mich abholen und aufnehmen würden.

---

[3] London Times, November 10, 1938.

An meinen Kindertransport, das heißt an die Zugfahrt von Wien nach Ostende und die abenteuerliche Überfahrt über den Ärmelkanal bei Sturm und Nebel, habe ich nur noch sehr vage Erinnerungen. Wenn ich mich überhaupt an etwas erinnere, dann an das ausgeprägte Gefühl, dass die Überfahrt einen radikalen Bruch mit meiner Vergangenheit und den Beginn eines neuen Lebensabschnittes darstellte, der mir Unabhängigkeit von den fürsorglichen elterlichen Einschränkungen und Regeln bescheren würde. Zu diesem Zeitpunkt hatte ich nicht den Eindruck, dass man mich im Stich gelassen hätte. Ich empfand keine Angst vor der Zukunft, im Gegenteil spürte ich eine gewisse aufgeregte Vorfreude auf das neue Leben in England, das vor mir lag.

Dieses Gefühl des Gespanntseins auf eine, wenn auch ungewisse, unbekannte Zukunft sollte mich von nun an mein ganzes Leben lang begleiten. Statt mit Heimweh oder nostalgischer Sehnsucht auf das Verlorene zurückzuschauen, sah ich den neuen Abenteuern und Chancen, die auf mich warteten, freudig entgegen. Meine Liebe zur englischen Sprache war bereits im Schulunterricht und durch eigene Lektüre geweckt worden, insofern war ich zumindest in dieser Hinsicht auf die neuen Herausforderungen in England vorbereitet.

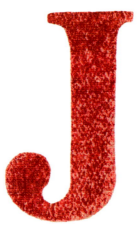

Abbildung 24: Auf dem Deckblatt des Ausweises, den man mir für die Ausreise mit einem Kindertransport ausstellte, ist ein rotes „J" für Jude abgedruckt.

Abbildung 25: Die Kindertransport-Kinder bekamen eigene Pässe von den nationalsozialistischen Behörden ausgestellt. Sie reisten ohne Begleitung und durften zum Start in ihr Leben in einem neuen Land lediglich einige wenige Stücke Gepäck mitnehmen.

Abbildung 26: Nach der sicheren Ankunft in England scheint diesem jungen Mädchen zum ersten Mal bewusst zu werden, dass sie jetzt allein und getrennt von ihrer Familie ist – vermutlich für immer.

Abbildung 27: Diese Skulptur mit dem Titel „Die Kinder des Kindertransports" wurde von Frank Meisler geschaffen, der 1939 als Achtjähriger mit einem Kindertransport aus Danzig floh. Die Bronzeskulptur steht auf dem „Hope Square" am Londoner Liverpool Street-Bahnhof, eine „Kopie" davon wurde am 30. November 2008 am Berliner Bahnhof Friedrichstraße aufgestellt.

Der Kladovo-Transport

Nachdem meine Eltern bereits einmal ihre Heimat in Galizien verlassen hatten, um in Wien einen vermeintlich sicheren Hafen zu finden, sahen sie sich nach der Machtergreifung der Nazis in Österreich ein zweites Mal zur Flucht gezwungen. Spätestens seit dem Kriegsausbruch im September 1939 suchten die Wiener Juden nach allen möglichen und an sich unmöglichen Fluchtwegen, um der Verschleppung in die Konzentrationslager im Osten zu entgehen.

Am 25. November 1939 verließen deswegen meine Eltern und rund achthundert weitere Personen Wien per Eisenbahn, um vom slowakischen Bratislava/ Pressburg aus donauabwärts zu reisen und über Istanbul nach Palästina zu entkommen. In Bratislava stießen abermals Hunderte von Flüchtlingen aus Berlin und Danzig zur Wiener Gruppe. Geplant war, an Bord von drei kleineren Schiffen flussabwärts bis ins Donaudelta zu fahren und an der Schwarzmeerküste auf ein größeres Schiff mit direktem Ziel Palästina umzusteigen.

Dazu sollte es jedoch nicht kommen: Rumänien verweigerte die Weiterfahrt, weil am Delta kein Hochseeschiff für die Fahrt über das Schwarze Meer bereitstand. Kurz darauf fror die Donau in einem der kältesten Winter jenes Jahrhunderts vollständig zu, sodass die Flüchtlingsgruppe in der serbischen Hafenstadt Kladovo strandete.

Abbildung 28: Die drei jugoslawischen Flussdampfer *Car Dušan, Car Nikola* und *Kraljica Marija* auf Winterreede im Donauhafen Kladovo. Auf diesen drei Schiffen waren rund 800 Wiener Juden aus Bratislava in Richtung Schwarzes Meer aufgebrochen.

In den Wintermonaten war Kladovo von der Außenwelt so gut wie abgeschnitten. Was sich überhaupt an Lebensmitteln beschaffen ließ, konnte nur auf Schlitten herangebracht werden. Außerdem blieb es den Flüchtlingen nach ihrer Ankunft im Winterhafen am Silvestertag 1939 mehrere Wochen lang untersagt, an Land zu gehen. Auf den drei kleinen, hoffnungslos überfüllten Donau-Frachtschiffen herrschten schreckliche Lebensbedingungen. Da es an Raum und insbesondere an Schlafplätzen mangelte, waren die Flüchtlinge gezwungen, abwechselnd in Schichten zu schlafen. Infolge der miserablen hygienischen Zustände und der mangelhaften Ernährung grassierten Krankheiten wie Skorbut und Typhus.

Im September 1940 fuhren die Schiffe endlich weiter – aber flussaufwärts nach Belgrad und auf der Save weiter nach Šabac, wo die Gruppe teils in Privatquartieren, teils in einer unverschlossenen Getreidemühle untergebracht wurde. Trotzdem blieb die Situation so unklar wie nur je zuvor, die Passbehörden verweigerten nach wie vor die Weiterreise. Wie alle anderen warteten meine Eltern auf gültige Ausreisepapiere nach Palästina, um endlich zu ihren Töchtern fahren zu können.

Meiner älteren Schwester Adele gelang es nach mehrmonatigen Anstrengungen und Telefonaten buchstäblich in letzter Minute, die Genehmigung für die Ausreise unserer Eltern nach Palästina per Bahn über Bulgarien und die Türkei zu beschaffen. Im April 1941 verließen sie endlich Šabac. In der Gruppe der rund achthundert Juden, die Wien im November verlassen hatten, gehörten unsere Eltern zu den ganz Wenigen, die sich noch retten konnten. Denn am Tag nach ihrer Abfahrt aus Šabac begann die Invasion der Nazis im Königreich Jugoslawien – Šabac wurde bombardiert, die Grenzen geschlossen. Die noch in Šabac verbliebenen jüdischen Flüchtlinge aus dem im Eis bei Kladovo gescheiterten Donau-Exodus wurden, sofern sie die Bombardierungen überlebten, zusammengetrieben und interniert. Im Oktober wurden sämtliche Männer nach einem Gefecht mit Partisanen abtransportiert und im Rahmen einer „Sühneaktion" von Einsatzkommandos der Wehrmacht erschossen. Die Frauen und Kinder wurden ins Konzentrationslager Šajmište nahe Belgrad geschafft, wo man sie später in Lastwagen vergaste.

Wie durch ein Wunder erreichten meine Eltern Ende 1940 Haifa und konnten endlich ihre Töchter in die Arme schließen. Im Schoß der Familie war es ihnen vergönnt, ihren Lebensabend in Haifa zu verbringen. Ich besuchte sie 1946 in Palästina während eines Urlaubs, den ich bei einer Verhandlungspause der Nürnberger Prozesse beantragt hatte. Nach einer so viele Jahre währenden Trennung meine Eltern wiederzusehen, löste eine große Freude in mir aus. Jetzt war es meinen Eltern nach so schweren und unruhigen Jahren endlich wieder möglich, die Familie einmal mehr vereint und in ungleich glücklicheren Umständen zu erleben.

Abbildung 29: Meine Familie in Israel; stehend mein Vater Lazar und meine Schwestern Adele und Lotte; sitzend meine Mutter Eugenia.

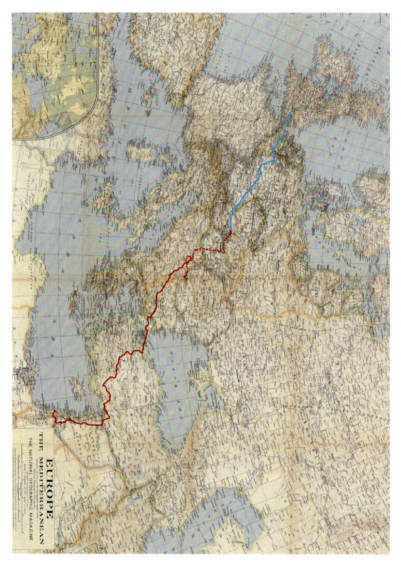

Abbildung 30: Die Route meines Kindertransports von Wien nach London ist auf dieser Landkarte aus dem Jahre 1938 *blau* eingezeichnet, die bei weitem längere Fluchtstrecke meiner Eltern von Wien nach Palästina *rot*. Zugstrecken sind durchgehend markiert, Schiffspassagen in gestrichelter Linie.

London 1938 bis 1944
In London erlebte ich eine Zeit für mich ungewohnter Unabhängigkeit, da ich ja jetzt nicht mehr unter der Obhut und Aufsicht meiner Eltern lebte. Nach meiner Ankunft verbrachte ich nur kurze Zeit in einer Jugendherberge, bevor ich in die Wohnung meines Onkels in der Nähe von Hampstead Heath zog, einem wunderschönen Parkareal im Norden Londons. Mein Onkel Nissan und meine Tante Rachel kamen ursprünglich ebenfalls aus Wien, beide waren sie schon in Rente und beide erlaubten sie mir ungeahnte Freiheiten. Ihr einziges Kind, meine Cousine, hatte in Wien Medizin studiert und war als Ärztin nach New York gegangen, wo sie zusammen mit ihrem Mann eine Praxis betrieb. Nach dem Angriff der Japaner auf den US-Marinestützpunkt Pearl Harbor im Dezember 1941 traten die USA in den Krieg ein; der Mann meiner Cousine meldete sich freiwillig zur US-Armee und wurde als Arzt nach London versetzt, wo er gelegentlich bei uns zu Besuch vorbeikam. Etliche Jahre später zogen mein Onkel und meine Tante zu ihrer Tochter nach New York.
Neben der Schule verdiente ich mir zuerst als Laufbursche in einer Möbelfabrik etwas Geld; während des Krieges arbeitete ich dann in einem Rüstungsbetrieb an der Drehmaschine. Abends besuchte ich den Unterricht am London County Council College, einer Art Volkshochschule. Mein Studium legte dabei den Schwerpunkt hauptsächlich auf englische Sprache und Literatur.
Die Beherrschung der englischen Sprache spielte für mich eine ganz zentrale Rolle, denn in meiner Muttersprache konnte ich mich natürlich weder im Alltag noch im Unterricht verständigen. Meine Kollegen in der Rüstungsfabrik sprachen mit einem starken Cockney-Akzent, der mir anfangs sehr komisch vorkam, an den ich mich aber schnell gewöhnte. Wenn ich heute darüber nachdenke, verlief der Sprachwechsel bei mir recht zügig und fast wie von selbst. Hilfreich war, dass es mir schnell gelang, Freundschaften zu schließen, sowohl mit Einwanderern als auch mit Briten selbst. In jener Zeit begann ich überdies Französisch zu lernen; in späteren Jahren verbesserte ich diese Sprachkenntnisse durch mehrere Studien- und Arbeitsaufenthalte in Frankreich.
Mein Aufenthalt in England währte noch kein Jahr, als die Nazis im September 1939 Polen angriffen. Dies hatte den Ausbruch des Zweiten Weltkrieges zur Folge – und mein Leben in London änderte sich damit völlig. Mein Onkel und meine Tante zogen in den Süden Englands und ließen mich allein in ihrer Londoner Wohnung zurück. Sie hätten es zwar gern gesehen, dass ich sie begleitete, aber ich bestand darauf, in London zu bleiben, um weiter meiner Arbeit nachgehen und am Unterricht teilnehmen zu

können. Wenn ich in der Fabrik keine Nachtschicht hatte, besuchte ich abends weiterhin die Schule, um das Abitur machen zu können. Obwohl ich noch keine festen Pläne hatte, war mir bewusst, dass weiteres Lernen, das Abitur und eventuell auch ein Studium an der Universität für jede zukünftige berufliche Laufbahn von großem Vorteil wären.

Das Leben in London unter den Bedingungen des Krieges unterschied sich drastisch von dem zu Friedenszeiten. Die Londoner gaben ihre sonst für so typisch geltende Zurückhaltung und Reserviertheit auf; es herrschte eine einzigartige Atmosphäre von Anteilnahme und Freundlichkeit, seitdem London Nacht für Nacht von der deutschen Luftwaffe angegriffen und bombardiert wurde. Diesen Luftangriffen in den Jahren 1940/41 gaben die Engländer den Namen „Blitz". Ab 1943 wurde London von unbemannten Marschflugkörpern und Raketen attackiert, den von den Nazis als „Vergeltungswaffen" bezeichneten V1 und V2. War ich gerade in den Straßen unterwegs, wenn die Luftschutzsirenen ertönten, wurde ich von Anwohnern in den Luftschutzkeller „eingeladen"; oder aber ein Autofahrer hielt sofort an und bot mir an, mich in mein Wohnviertel zu bringen. Nachts dienten die tief unter der Oberfläche liegenden Londoner U-Bahnstationen ganzen Familien samt deren Freunden und Nachbarn als Zufluchtsstätten. In den Stationen der Londoner Metro herrschte aber keineswegs eine niedergedrückte, angstvolle Stimmung, sondern im Gegenteil oft gute Laune, fast wie bei einem Nachbarschaftsfest mit Essen und Musik. Bald wurde der nächtliche Aufenthalt in der U-Bahn zur Routine. Trotz der „oben" im Freien so bedrohlichen Situation wollten sich die Londoner dort „unten" in den Tunneln doch gut unterhalten.

Abbildung 31: Feuerwache auf dem Dach eines Londoner Hauses; im Hintergrund die St. Paul's Cathedral. In dem von mir bewohnten Mietshaus im Stadtteil Stamford Hill, in dem oft deutsche Bomben und Raketen einschlugen, übernahm ich als Freiwilliger den Posten der Feuerwache. Der „Blitz" dauerte 76 Tage und traf insbesondere das Zentrum von London und die Vororte.

Abbildung 32: Eine Mutter, die gerade ihr Kind ins Bett bringt – in einigen Tunneln der U-Bahnstationen wurden Stockbetten aufgestellt.
Hinweisschild 1: „Luftschutzkeller belegt außer für Inhaber einer Reservierung – Standort des nächstgelegenen Kellers".
Hinweisschild 2: „Hinweis für Zufluchtsuchende: Das Ausschütteln des Bettzeugs auf dem Bahnsteig, über den Geleisen oder in der U-Bahn ist strikt untersagt".

Im Krieg dienten viele U-Bahnstationen der „Tube" als öffentliche Luftschutzkeller. Manche Bahnhöfe in dicht bevölkerten Gegenden waren so stark frequentiert, dass sie in aller Regel nur den Bewohnern der angrenzenden Häuser zur Verfügung standen, die sich ein Bett reserviert und einen Berechtigungsnachweis erhalten hatten (siehe das Plakat oben). Dieses System garantierte den Leuten, die hier regelmäßig Schutz suchten, einen Platz auf dem Bahnsteig und verbesserte die frühere Situation, bei der Tag für Tag lange Schlangen Wartender vor den U-Bahneingängen anstanden. In Gegenden mit weniger Bewohnern, so etwa in dem hier gezeigten Wartungstunnel ohne Geleise, war die Unterbringung weit weniger beengt. Die Luftschutzkeller boten eine sichere Zuflucht und schufen obendrein ein intensives Gemeinschaftsgefühl, das sich positiv auf die allgemeine Stimmung auswirkte und das Durchhaltedenken förderte. Das Kalkül Hitlers, man könne durch die Bomben- und Raketenangriffe die Engländer demoralisieren und so Druck auf die Regierung Churchill ausüben, Frieden zu schließen, wurde damit vereitelt.

Bei Einbruch der Dunkelheit ertönten fast täglich die Luftschutzsirenen, der Himmel über London wurde von Suchscheinwerfern und Luftabwehrfeuer erhellt, immer wieder unterbrochen vom Donnern der Bombenexplosionen. Eines Nachts, ich schlief in der Wohnung meines Onkels, wurde ich von besonders schweren Einschlägen geweckt. Ich hatte die Vorahnung, dass es noch schlimmer kommen könnte und begab mich unverzüglich in den Keller, wo schon viele der Hausbewohner Zuflucht gefunden hatten und auf Feldbetten schliefen. Kurz nachdem ich unten war, detonierte eine Bombe direkt auf der gegenüberliegenden Straßenseite, unser Haus wurde stark erschüttert und von der Kellerdecke rieselte der Putz. Nach der Entwarnung ging ich wieder in die Wohnung hoch, wo ich mein Bett begraben unter umgestürzten Möbeln, Glassplittern und Schutt vorfand. Durch meinen Aufenthalt im Keller war ich somit schweren Verletzungen oder gar dem Tod entronnen.

Kam ich nach einer Nacht pausenloser „Blitze" am nächsten Morgen wieder aus dem Luftschutzkeller ans Tageslicht, sah ich immer wieder, dass Bomben ganz in der Nähe der Wohnung meines Onkels Verwüstungen angerichtet hatten. Zwar war ich erleichtert, dass es mich nicht getroffen hatte, aber das Gefühl der Verwundbarkeit nahm zu. Speziell die unbemannten V1-Raketen waren nervenaufreibend. Ich konnte das Sirren des sich nähernden Flugkörpers über mir hören, gefolgt von einer unheimlichen Stille und dem atemlosen Warten auf das Krachen der Detonation. Kurz darauf ertönten die Sirenen der Feuerwehr- und Rettungswagen. Es war nie vorherzusehen, wann und wo diese Raketen einschlagen würden.

Abbildung 33: Eine Szene, die sich oft wiederholte: Kinder vor ihrem zerstörten Zuhause.

Abbildung 34: Newbury in Berkshire: zwei ratlose alte Damen in dem Schuttberg, der bis vor kurzem ihr Altenheim war.

Abbildung 35: Eine Kantine beim Ausschank heißer Getränke an die Überlebenden.

Abbildung 36: Ein junges Mädchen mit „Union Jack" in den Ruinen.

Abbildung 37: Unbeirrt studieren diese Männer die Regalbestände einer Londoner Bibliothek, deren Dach kurz zuvor bei einem Bombenangriff ausbrannte.

Durch die Arbeit in der Fabrik, die oftmals Nachtschichten beinhaltete, verdiente ich ein wenig Geld und schloss engeren Kontakt zu meinen englischen Kollegen. Die Erfahrungen, die ich in diesen Kriegstagen in London machte – diese „schönsten und stolzesten Tage Großbritanniens", wie Winston Churchill sie in seinen Schriften und Sendungen so denkwürdig

bezeichnete –, sind mir bis heute im Rückblick sehr lieb und teuer geblieben.
So weiß ich noch gut, wie ich gemeinsam mit den Nachbarn meines Wohnhauses die Radiosendungen über den Verlauf des Kriegsgeschehens verfolgte und wie wir zusammen den vom Tonfall her einzigartigen Ansprachen Winston Churchills lauschten. Einen seiner Sätze habe ich bis heute im Ohr: „Wir werden unsere Insel verteidigen, koste es was es wolle. Wir werden sie an den Stränden, den Landungspunkten, auf den Feldern, in den Straßen und auf den Bergen bekämpfen. Wir werden uns niemals ergeben."

Abbildung 38 (links): Winston Churchill, im Krieg englischer Premierminister, in kämpferischer Pose. Anfangs plädierte Churchill für die Hinrichtung der führenden Nazigrößen ohne großes Federlesens, dann überzeugten ihn die Gegenargumente der Sprecher der USA und er unterstützte das Militärtribunal in Nürnberg.
Abbildung 39 (rechts): Der Westwall bzw. die *Siegfried Line*, wie sie bei den Alliierten hieß, verlief entlang der Grenze zwischen Deutschland und Frankreich und umfasste einige tausende Bunker und Panzersperren. Beim Vormarsch der US-Truppen in Deutschlands Städte und Dörfer herrschte dringender Bedarf an Übersetzern und zweisprachigen Dolmetschern. Ich meldete mich auf eine Suchanzeige, bestand eine Prüfung und wurde einer amerikanischen Einheit als Übersetzer zugeteilt.

Dank der Anwesenheit alliierter Soldaten, darunter auch US-amerikanische Freiwillige, die noch vor dem offiziellen Kriegseintritt der Vereinigten Staaten nach Europa gekommen waren, herrschte in London eine internationale Atmosphäre, die sich weiter verdichtete, als die Landung in der Normandie vorbereitet wurde und die auf dem Kontinent gelandeten Truppen mit Soldaten und Nachschub versorgt wurden. General de Gaulle, der Anführer des Freien Frankreich, schlug sein Hauptquartier in London auf, polnische und niederländische Truppenkontingente schlossen sich den britischen und US-amerikanischen Verbänden an, von denen die Invasion vorbereitet wurde. Als junger Mann von knapp zwanzig Jahren empfand ich die nervös aufgeladene Stimmung Londons unter diesen Kriegsbedingungen als prickelnd und spannend. Die britischen und alliierten Soldaten kamen aus ihren Stellungen und Stationierungsorten entlang der Küste nur zu gerne nach London und belebten dort die Pubs und Ballhäuser. Zu meinem Freundeskreis zählten Männer wie Frauen, Briten wie Ausländer. Gemeinsam besuchten wir Konzerte und Tanzveranstaltungen in den Music Halls, Filmvorstellungen in den Kinopalästen am Piccadilly Circus und die Clubs im Londoner West End. Obwohl mein Verdienst in der Fabrik eher bescheiden ausfiel, konnte ich mir dennoch einige der genannten Vergnügungen leisten. Die durch den Krieg veränderte Atmosphäre in London weckte in mir ein überreiztes, geradezu fiebriges Lebensgefühl für die Gegenwart, auf die ja eine höchst ungewisse Zukunft folgen musste.

Abbildung 40: 31. August 1944: der amerikanische Schnulzensänger, Radio- und Filmstar Bing Crosby bei seinem Auftritt vor alliierten Truppen in London anlässlich der Eröffnung der Londoner „Stage Door Canteen". Diese für Offiziere nicht zugänglichen Unterhaltungslokale für Soldaten, in denen allabendlich Tanz und kostenloses Essen geboten wurden, gab es zuletzt in sechs großen Städten der USA, zusätzlich in London und Paris.

Meine Englischkenntnisse verbesserten sich rasch durch den täglichen Gebrauch im Alltag, den Abendunterricht und natürlich auch durch die Bücher, die ich las. Einer meiner Lieblingsautoren dieser Zeit war P. G. Wodehouse. Ich wurde zum begeisterten Leser seiner berühmten Romane über Bertram Wooster und seinen Diener Jeeves und bewunderte seinen so ganz eigenen britischen Humor. Auch dass ich mich bemühte, ein gutes und verständliches Englisch zu schreiben, stellte mich vor neue Herausforderungen. Aufgewachsen mit der deutschen Schriftsprache, die lange Adverbialsätze bevorzugt, versuchte ich, meine englische Ausdrucksweise möglichst knapp und direkt zu halten, den mir zur Verfügung stehenden begrenzten Wortschatz durch gezielte Akzente anschaulich zu machen. In relativ kurzer Zeit konnte ich mich in Englisch ebenso flüssig ausdrücken wie in meiner Muttersprache, und bald darauf gelang mir das ebenso im Französischen. Diese Dreisprachigkeit war der eigentliche Ausgangspunkt für meine Dolmetschertätigkeit bei den Nürnberger Kriegsverbrecherprozessen sowie für meine spätere Laufbahn als Highschool-Lehrer für europäische Sprachen und Literatur.

Abbildung 41: In London im November 1942 als 18-Jähriger.

Der Londoner Blitz
Acht Monate lang, vom 7. September 1940 bis zum 10. Mai 1941, musste sich die Londoner Bevölkerung während der massiven deutschen Luftangriffe auf London – im Englischen kurz „Blitz" genannt – der immer gleichen gnadenlosen nächtlichen Routine unterwerfen: Bei Einbruch der Dunkelheit heulten die Luftschutzsirenen und alle zogen sich in die Luftschutzbunker zurück; bei Tagesanbruch wurde Entwarnung gegeben. Ich lebte damals alleine in der Wohnung meines Onkels im Londoner Stadtteil Stamford Hill. Mein Onkel und meine Tante waren nach Surrey in den Süden Englands gezogen, ich jedoch zog es vor in London zu bleiben, um weiter den Unterricht besuchen und meiner Arbeit in der Rüstungsfabrik nachge-

hen zu können. Einige meiner alten Freunde lebten unter ähnlichen Umständen wie ich als Flüchtlinge in England; auch sie wohnten wie ich alleine, arbeiteten oder gingen zur Schule. In jener unruhigen Zeit wurde unser Zusammenhalt noch enger, wir gingen abends häufig miteinander aus, spielten Karten oder redeten einfach nur stundenlang. Auch im London jener langen Monate des deutschen Blitzangriffes zeigte sich einmal mehr, dass die Menschen in Zeiten der Gefahr eng zusammenrücken.

Der französische Existenzialist Jean-Paul Sartre vertritt die These, dass die Befähigung des Menschen zu authentischen, direkt unter die Haut gehenden Empfindungen und zum unverfälschten Gefühlsausdruck in Zeiten extremer Gefahr am größten ist, zum Beispiel im Krieg während eines Bombenhagels oder an vorderster Front im Schützengraben. Rückblickend frage ich mich, ob ich damals überhaupt so etwas wie Angst empfand. Denn natürlich war ich auf Schritt und Tritt mit den Spuren der Verwüstung und des Todes konfrontiert, den Hinterlassenschaften der Luftangriffe auf London – immer wieder stieß ich auf die Ruinen von Gebäuden, in denen ich mich noch tags zuvor aufgehalten hatte, oder hörte, wie das Heulen der Sirenen der Rettungswagen die Luft zerriss, in denen man die zahlreichen Verwundeten in die Krankhäuser brachte. Aber ich war wohl – ganz im Sinne von Sartres These – nicht so sehr von Angst ergriffen, statt dessen war meine Wahrnehmungsfähigkeit insgesamt in der angespannt aufgeladenen Atmosphäre Londons aufs Höchste geschärft.

Wenn ich abends nach der Arbeit in meine Wohnung zurückkehrte, schloss ich zunächst die Jalousien, um der strikten Verdunkelungspflicht nachzukommen, die über ganz London verhängt war; anschließend aß ich mein Abendessen, das für gewöhnlich aus einer in Zeitungspapier gewickelten Portion Fish and Chips bestand, gleichsam dem Grundnahrungsmittel der Londoner Bevölkerung, das ich auf dem Nachhauseweg an einem der zahlreichen Verkaufsstände erstanden hatte. Bei Einbruch der Dunkelheit heulten die Luftschutzsirenen, sofort darauf huschten die Lichtbahnen der Suchscheinwerfer über die Dächer der Stadt, begleitet vom Rattern der Flugabwehrgeschütze, das mal leise aus größerer Entfernung, dann aber wieder sehr laut aus nächster Nähe zu hören war; dann und wann setzte die Detonation einer Bombe einen Kontrapunkt zu diesem unablässigen Begleitgeräusch.

Ein- bis zweimal in der Woche übernahm ich als Freiwilliger die Feuerwache für das Mietshaus, in dem ich wohnte. Ausgestattet mit einem Helm, einem Eimer voll Sand und einem Feuerlöscher verbrachte ich mehrere Stunden auf dem Dach unseres Hauses, um einen etwaigen Brandherd sofort erkennen und im Keim ersticken zu können.

Abbildung 42: 29. Dezember 1940: Die St. Paul's Cathedral taucht als Vision aus dem Rauch auf. Obwohl sie als ausgewähltes Ziel deutscher Bomber einige Treffer abbekam, überstand sie den „Blitz".

Abbildung 43: Sanitäter auf der Suche nach Bombenopfern in einem zerstörten Haus.

Einer der Journalisten, der während des Blitzes aus London berichtete, war der amerikanische Kriegsberichterstatter Ernie Pyle. Man kann die Atmosphäre, die in London während der deutschen Luftangriffe herrschte, kaum eindrücklicher in Worte fassen, als dies dem Pulitzer-Preis-Träger von 1944 in folgendem Bericht gelang:

London in Flammen – Ein Stimmungsbild von Ernie Pyle[4]
In dieser Nacht geriet ganz London in den gnadenlosen Würgegriff des Feuers. Die Angriffe setzten kurz nach Einbruch der Dunkelheit ein, und das kurze, scharfe Krachen der Geschütze war bereits ein erster Vorgeschmack darauf, dass es den Angreifern diesmal bitterer Ernst war.
Kurz nachdem die Luftschutzsirenen aufheulten, war schon das schrille Kreischen der deutschen Bomber über den Dächern der Stadt zu hören. Ich spürte, wie das ganze Zimmer, in dem ich die schwarzen Vorhänge zugezogen hatte, vom Donnern der Geschütze erbebte. Draußen erklang das Wummern und Donnern schwerer Bomben, die in unmittelbarer Nähe meiner Wohnung ganze Häuserzeilen zu Schutt und Geröll verwandelten.
Eine halbe Stunde nach Beginn des Angriffs begab ich mich mit ein paar Freunden auf einen hochgelegenen, dunklen Balkon, von dem aus ein Drittel der sich im Horizont verlierenden Stadt zu sehen war. Sobald wir auf den Balkon hinaustraten, wurde jeder einzelne von uns von einer tiefen inneren Erregung ergriffen. Das war weder Angst noch Entsetzen, vielmehr ein geradezu ehrfürchtiges Staunen, das uns da befiel.
Vielleicht waren Sie alle schon einmal Augenzeuge eines Brandes; bestimmt aber haben Sie noch nie das schaurig-schöne Schauspiel Dutzender, ja Hunderter von Bränden erlebt, die einem entgegenfunkeln wie purpurrote Juwelen auf dem Nachthorizont der Stadt. Der Anblick war regelrecht erhaben in seiner schrecklichen, ungezügelten Schönheit. Manche der Brände waren so nah, dass wir das Prasseln und Zischen der Flammen und die lauten Rufe der Feuerwehrleute hören konnten. Vor unseren Augen schwollen kleine Feuer zu großen Bränden an, während gewaltige Feuersbrünste unter den unermüdlichen Anstrengungen der Feuerwehrleute erstarben, nur um wenig später aufs Neue gen Himmel zu lodern.
Etwa alle zwei Minuten brandete eine weitere Welle deutscher Flugzeuge gegen die Stadt an. Das war kein Dröhnen mehr, das über der ganzen Stadt vibrierte, statt dessen ein unentwegt an- und abschwellendes Wutkreischen, fast wie das Surren gigantischer, in blinder Wut rasender Bienen.
Während der ohrenbetäubende Lärm der Geschütze in jenen schrecklichen ersten Tagen der Luftangriffe im September ohne Unterlass ertönt war, gab es diesmal immer wieder kurze Pausen – manchmal nur von einigen wenigen Sekunden, dann wieder von einer Minute Dauer oder sogar mehr. Manchmal war das Flakfeuer klar und deutlich aus unmittelbarer Nähe zu

---

[4] Das Original „They came just after dark…": Pyle Ernie, Ernie Pyle in England (1941), Reprinted in Commager, Henry Steele, The Story of the Second World War (1945); Johnson, David, The London Blitz: The City Ablaze, December 29, 1940 (1981). Deutsche Übersetzung durch Dr. Gerd Burger, Regensburg.

hören, dann wieder dumpfer und abgeschwächt aus größerer Entfernung. Der Himmel über London hallte vom Donnern der Geschütze und dem Kreischen der Flugzeugmotoren.

Wahre Schauer von Brandbomben ergossen sich über die unter uns im Dunklen liegenden Stadt. Wir sahen, wie sich Aberdutzende von ihnen binnen ein, zwei Sekunden entzündeten. Sie blitzten auf als entsetzlich grelle Lichtpunkte, bevor sie rasch zu stecknadelgroßen Punkten von blendendem Weiß zusammenschmolzen, die umso gieriger loderten. Diese weißglühenden Punkte verloschen einer um den anderen, kaum dass sie von den Händen unsichtbarer mutiger Helfer mit Sand erstickt wurden. Andere hingegen brannten ungehindert weiter, bis aus ihrem grell glühenden Kern eine gelbe Flamme emporzüngelte. Dann hatten sie ihre unheilvolle Aufgabe erfüllt – ein weiteres Gebäude wurde zum Raub der Flammen.

Der gewaltigste dieser unzähligen Brände wütete direkt vor unseren Augen. Seine Flammen schlugen Hunderte von Metern hoch in den Himmel. Schwaden rötlichweißen Rauchs bildeten eine riesige Wolke, aus der sich allmählich – so hauchzart, dass wir unseren Augen zunächst kaum trauten – die gewaltige Kuppel der St. Paul's Cathedral herausschälte.

Ringsum stand alles in Flammen, aber der Kathedrale schien das Feuer nichts anhaben zu können. Ihre gewaltigen Umrisse zeichneten sich jetzt scharf umrissen ab, genau wie man in der Morgendämmerung alles nach und nach immer deutlicher zu erkennen vermag. So mag sich ein kriegsmüder Soldat fühlen, wenn auf dem Schlachtfeld urplötzlich mitten vor seinen Augen wundersame Rettung naht wie eine Traumgestalt.

Die Flammen tauchten die Straßen zu unseren Füßen in ein rotes Halbdunkel. Der Himmel unmittelbar darüber erstrahlte in furiosem Purpur, hoch oben aber dehnte sich eine immense Rauchwolke, welche die enorme Weite des Himmels wie eine engmaschig gewebte zartrote Decke überzog. Diese rötliche Hülle war übersät mit winzigen, dafür hell gleißenden Sternen – den Detonationen der Flugabwehrgeschosse, im Nu gefolgt von lautem Krachen.

Die mächtigen Sperrballone, die am Himmel prangten, waren vor diesem Hintergrund so deutlich zu erkennen wie am helllichten Tag, nur dass sie jetzt nicht silbern funkelten, sondern leichtrot überhaucht waren. Dann und wann brach sich durch einen Riss im zartrotem Überzug sogar das Funkeln eines Sternes Bahn – eines jener altmodischen, echten Himmelsgestirne, die schon immer dagewesen sind und nimmer verlöschen werden.

Zu unseren Füßen schimmerte die Themse in immer fahlerem Grau, während die Gebäude und Brücken, die den Vordergrund dieses schrecklichschönen Gemäldes bildeten, nach wie vor in der Nachtschwärze lagen.

Wenig später besorgte ich mir einen Stahlhelm und begab mich mitten hinein in die brennende Stadt. Auch was ich dort in den Straßen Londons erlebte, hinterließ bleibenden Eindruck bei mir; doch was ich wohl nie mehr in meinem Leben vergessen werde, ist das schaurig schöne Panorama, das London in der Nacht dieses unvergesslichen Tages bot – die gewaltige Stadt, wie sie vor uns lag, von mächtigen Bränden in die Zange genommen und von Bombenexplosionen geschüttelt, die dunklen Niederungen der Themse übersät mit stecknadelgroßen weißglühenden Brandbomben, darüber die zartrote Kuppel des Firmaments, auf der sich wie Farbtupfer explodierende Flakgeschosse, Sperrballone und Leuchtraketen abzeichneten, all das akustisch untermalt vom zornentbrannten Gebrumm der Flugzeuge. Und ich mitten in all dem Tumult, bis schier zum Bersten erfüllt von widersprüchlichen Gefühlen: Tiefster Erregung und fiebriger Erwartung all dessen, was da noch kommen könnte, überlagert vom ungläubigen Staunen darüber, dass dies alles kein Traum, sondern die Wirklichkeit war: das zugleich schrecklichste wie schönste Schauspiel, dessen Zeuge ich jemals werden durfte.

Aus heiterem Himmel – ferngelenkte Waffen
Anfang Mai 1941 ließ Hitler jedoch die Luftangriffe auf England wieder weitgehend einstellen, da das Regime die Luftwaffe im Zuge der Vorbereitung des Angriffs auf die Sowjetunion in weiter östlich gelegenen Stützpunkten verlegte. Aber obwohl England von da an nicht mehr den Dauerangriffen deutscher Flugzeuge ausgesetzt war, drohte London nun Gefahr durch zwei neue Waffentypen: die Flügelbombe Fieseler Fi 103, bekannt als V1, und die Boden-Boden-Rakete A4, als V2 in die Geschichte eingegangen – wobei das V in den Propagandanamen als Kürzel für „Vergeltungswaffe" dient.
Der deutsche Raketentechniker Wernher von Braun (der später für das amerikanische Raumfahrtprogramm verantwortlich zeichnete, das zur ersten bemannten Mondlandung im Jahr 1969 führte) leitete das geheime Raketenprogramm der Nazis in Peenemünde auf einer Ostseeinsel hoch im Norden Deutschlands.
Die V1 war der erste Lenkflugkörper, der je in einem Krieg eingesetzt wurde. Von einem Verpuffungsstrahltriebwerk angetrieben, wurde es von umgebauten Flugzeugen oder von speziellen Startrampen aus gestartet, die nach ihrem Konstrukteur Hellmuth Walter auch „Walter-Schleudern" genannt wurden. Man richtete die V1 per Fernlenkung annähernd auf das Ziel aus; verglichen mit den heutigen GPS-gesteuerten Marschflugkörpern war die Zielgenauigkeit gering. Sobald ihr Treibstoffvorrat erschöpft war, stürz-

te die Rakete einfach zu Boden. Das charakteristische Knattern und Brummen der Lenkwaffe, das erst kurz vor dem Einschlag verstummte, verbreitete Angst und Schrecken in der Bevölkerung; ihm verdankt die V1 ihren Beinamen „buzz bomb", sprich „Brummbombe". Die V2 dagegen war anders als die V1 eine richtige Rakete nach heutigem Verständnis des Begriffs, technisch wesentlich ausgeklügelter.

Von Braun, den die Gestapo wegen Wehrkraftzersetzung und Verrats verhaftet hatte (der jedoch auf Intervention von ganz oben, sprich u. a. von Albert Speer, wieder auf freien Fuß gesetzt worden war), war ein enthusiastischer Verfechter und Wegbereiter der Raketentechnik – aber weil er hoffte, dass die Menschheit damit den Weltraum erobern könnte, und nicht etwa, weil er für den Kriegseinsatz immer bessere Vernichtungswaffen hätte schaffen wollen. Als von Braun erfuhr, dass die erste V2 in London eingeschlagen war, rief er aus: „Der einzige Fehler dieses erfolgreichen Fluges besteht darin, dass die Rakete auf dem falschen Planeten gelandet ist."[5] Später bezeichnete er diesen Tag als „schwärzesten Tag meines Lebens".

Mit der Arbeitskraft Tausender von Zwangsarbeitern im Konzentrationslager Mittelbau Dora, von denen viele ihr Leben lassen mussten, stellten die Nazis insgesamt rund 30.000 V1-Bomben her. An die 10.000 davon wurden zwischen dem 13. Juni 1944 und dem 29. März 1945 auf England abgefeuert. Die restlichen 20.000 kamen nie zum Einsatz oder wurden bei Bombenangriffen der Alliierten auf Deutschland zerstört oder aber gegen die Beneluxstaaten zum Einsatz gebracht, insbesondere gegen die belgische Stadt Antwerpen. Die Stadt in Flandern war seinerzeit die wichtigste Nachschubbasis für die alliierten Streitkräfte, die damals in schwere Gefechte mit den Deutschen auf dem gesamten europäischen Kontinent verwickelt waren; somit wurde Antwerpen zwischen Oktober 1944 bis Ende März 1945 zu einem weiteren Hauptziel der deutschen Angriffe. Exakt 2.419 der rund 10.000 auf London abgefeuerten V1-Bomben trafen die Stadt, was einen Blutzoll von 6.184 Toten und 17.981 Verwundeten kostete.[6]

Die geringe Flughöhe der V1 und ihre hohe Geschwindigkeit stellten die Verteidiger Londons vor gänzlich andere Probleme, als man sie bei den

---

[5] So zumindest das Zitat auf http://www.oppisworld.de/zeit/kalender/weltall.html; Stand: 05.05.2009.
Eine andere Variante: „Die Rakete funktioniert hervorragend, nur leider ist sie auf dem falschen Planeten gelandet." (http://de.altermedia.info/general/na-so-was-aber-auch-politisch-unkorrektes-schul-vorbild-in-sachsen-050208_12878.html; Stand: 05.02.2008).

[6] Laut den Artikeln auf Wikipedia: http://de.wikipedia.org/wiki/The_Blitz (Stand: 05.05.2010) und http://de.wikipedia.org/wiki/Operation_Overlord (Stand: 06.05.2010).

Flugzeugangriffen während des Blitzkrieges zu parieren hatte. Die V1-Bomben waren verhältnismäßig klein und schnell, daher war es nahezu unmöglich, sie mit den damals verfügbaren Flugabwehrgeschützen zu zerstören. Als ferngelenkte Bombe ohne Pilot, Sauerstoffversorgung oder kompliziertes Antriebssystem besaß die V1 kaum Schwachstellen, die sich die Flugabwehr hätte zunutze machen können, obendrein flog sie schneller als die meisten Abfangjäger. Als die Briten versuchten, London durch einen Schutzschirm aus rund 2.000 Sperrballonen zu schützen, reagierte die deutsche Luftwaffe, indem man Drahtschneider als Ballonabweiser an den Flügelvorderkanten der V1 montierte. Letztlich konnten nur etwa 300 V1 zum Absturz gebracht werden, die sich in den Stahlseilen der Sperrballone verfingen.

Den größten technischen Durchbruch in der Luftabwehr stellte die vom Radiation Laboratory – einer eigens für die Entwicklung von Radartechnologie gegründeten Einrichtung am renommierten Massachussetts Institute of Technology (MIT) in Boston – ausgetüftelte elektronische Ausstattung der Flugabwehrkanonen dar. Durch die Aufrüstung der Flak mit Radarunterstützung und Annäherungszünder ließ sich die Zahl der V1, die tatsächlich ihr Ziel erreichten, verringern.

Die V1-Flugbomben und V2-Raketen waren von den deutschen Militärstrategen entwickelt worden, um den weiteren Kriegsverlauf zugunsten Deutschlands zu wenden und das Vordringen der Alliierten Kräfte auf dem europäischen Kontinent zum Stillstand zu bringen. Im Rückblick aus heutiger Sicht verbreiteten diese ferngelenkten Waffen Angst und Schrecken und kosteten zahlreichen Menschen das Leben. Die immer ausgefeiltere Technik der Flugabwehrkanonen und ebenso der Abfangjäger sorgten jedoch gegen Ende des Krieges dafür, dass die schlimmen Folgen des Einsatzes der V1 und V2 ein Stück weit eingedämmt werden konnten.

Abbildung 44: Eine von Hitlers V1-Raketen im Senkflug über London. Die Explosion erfolgte beim Aufprall.

Nürnberg 1945 bis 1949
Nach der Invasion in der Normandie wendete sich der Kriegsverlauf in Europa – die alliierten Truppen marschierten jetzt in Richtung Deutschland. Ab sofort waren Leute mit guten Deutschkenntnissen gefragt, die bei der Entwaffnung der Wehrmachtssoldaten und bei der logistischen Vorbereitung der Besetzung des Landes helfen konnten. Als ich von dem entsprechenden Aufruf hörte, unterzog ich mich in London einem Sprachtest und wurde auf der Stelle angeworben. Ich wurde dem 9th U. S. Air Force Service Command der US-Streitkräfte zugeteilt, deren Aufgabe die Entwaffnung der deutschen Luftwaffe werden sollte. Eingekleidet in die eigene Uniform der Amerikaner für ihre zivilen Mitarbeiter wurde ich in einer C-47, dem Lastesel der U. S. Air Force, zu einem Stützpunkt in Frankreich geflogen. Gerade einmal einundzwanzig Jahre alt, in fescher kurz geschnittener Uniformjacke à la Eisenhower samt khakifarbener Hose freute ich mich riesig auf meinen neuen Aufgabenbereich.

Platziert in einer langen Reihe elend harter Schalensitze, erlebte ich meinen allerersten Flug. Nach der Landung in Frankreich war ich zunächst einmal einige Tage in einem Jeep auf der Suche nach meiner Einheit unterwegs und machte dabei auch Bekanntschaft mit der Nachhut der alliierten Truppen auf ihrem Weg ins besiegte Deutschland. Es war eine chaotische und irritierende Fahrt kreuz und quer durch Deutschlands Städte und Dörfer nach dem Zusammenbruch, bis der Fahrer endlich meine Einheit eingeholt hatte – überall irrten Flüchtlinge und Soldaten herum, sodass auf den Straßen kaum ein Durchkommen war.

Ich unterstützte meine Einheit bei der Beschaffung von Häusern und Versorgungsmaterial für die Offiziere und Mannschaften, während wir von Stadt zu Stadt vorrückten. Gemeinsam mit einigen Offizieren fuhr ich unseren Soldaten, Lastwagen und gepanzerten Fahrzeugen in den nächsten Ort voraus, der uns als Quartier dienen sollte. Wir suchten schnell ein großes öffentliches Gebäude oder eine Schule aus, jedenfalls einen Bau, der für unsere Soldaten als Unterkunft geeignet war, dann befahlen wir die zügige Räumung, die bis zum Eintreffen unserer Soldaten zu erfolgen hatte. Für unsere Offiziere wählten wir in den Wohnvierteln mehrere Häuser, beschlagnahmten sie und quartierten in der Regel zwei Offiziere pro Haus ein. Ich als Übersetzer hatte den folgenden Befehl zu übermitteln: „Die Bewohner müssen ihre Häuser und Wohnungen innerhalb einer Stunde räumen und dürfen nur Dinge mitnehmen, die sie eigenhändig tragen können." Die betroffenen Familien zogen meist zu Nachbarn oder Verwandten. Hatten unsere Offiziere die beschlagnahmten Häuser bezogen, kamen die Besitzer oftmals zurück und fragten, ob sie bestimmte Dinge wie Bettdecken oder Küchengeräte holen durften. Mit wenigen Ausnahmen wurde ihnen das in aller Regel gestattet. Bei diesen Beschlagnahmungen handelte es sich nur um befristete Maßnahmen; die Häuser bzw. Wohnungen wurden den Besitzern oder rechtmäßigen Eigentümern zurückgegeben, sobald unsere Truppen weiterzogen. Da ich es als überaus unangenehme Aufgabe empfand, Leute aus ihren Wohnungen zu vertreiben, ging ich dabei so höflich wie nur möglich vor. Vorfälle, bei denen einzelne alliierte Soldaten Gegenstände aus den Wohnungen als Souvenir „befreiten", waren zu Beginn der Besatzungszeit sehr verbreitet; später wurden diesbezüglich strikte Vorschriften erlassen. Zu meinen Aufgaben als Übersetzer meiner Einheit zählte es außerdem, mich um die Versorgung der Soldaten zu kümmern und Brot und Lebensmittel in den Orten aufzutreiben, wenngleich sich unsere Einheiten weitgehend in Eigenregie versorgten.

Ein weiterer Teil unseres Auftrags bei der Entwaffnung der deutschen Truppen war die Beschaffung von Dokumenten und Archivmaterial aus den Kasernen und Amtsgebäuden. Ich half bei der Auswahl der relevanten Unterlagen, die per Kurierfahrer ins Hauptquartier gebracht wurden, um dort auf ihre Bedeutung und ihren Informationsgehalt für Geheimdienstzwecke geprüft zu werden. In den meisten Fällen fanden wir nur gewöhnliche Archivdokumente, wie sie in jeder Verwaltung vorliegen, beispielsweise Inventurverzeichnisse oder Buchhaltungsunterlagen. Unsere vorrückenden Truppen machten jedoch in anderen Gebieten wichtige Forschungsunterlagen der Rüstungsindustrie ausfindig, darunter die Dokumente der Flugexperimente mit Raketen, die im Zuge von deren Weiterentwicklung immens wichtig werden sollten.

Als man mich fragte, ob ich für interessierte Offiziere und Soldaten Unterricht in deutscher Umgangssprache und Konversation geben könnte, war ich sofort einverstanden. Die meisten meiner Schüler wollten in erster Linie einige Sätze und Wörter lernen, um die deutschen Mädchen ansprechen zu können. Nachdem sie so ungemein wichtige Sätze wie „Darf ich Sie begleiten?" oder „Sie sind sehr hübsch!" gelernt hatten, nahm die Zahl meiner Schüler rasch ab. Nur einige wenige ernsthafte Interessenten nahmen weiterhin an meinen Lehrstunden teil. Zu Beginn der Besatzungszeit herrschte ein striktes „Verbrüderungsverbot", das die meisten US-Soldaten aber ohnehin ignorierten. So machte ich unter diesen ungewöhnlichen Nachkriegsbedingungen meine ersten Erfahrungen als Fremdsprachenlehrer. Ich hatte nicht die leiseste Ahnung, dass genau dies der Beginn meiner beruflichen Laufbahn als Dozent und Sprachlehrer sein sollte!

Meine ersten Kontakte zu Amerikanern habe ich in uneingeschränkt positiver Erinnerung. Sofort eingenommen war ich von ihrer Unternehmungslust, ihrem Humor und ihrem positiven Herangehen an alle nur erdenklichen Probleme und Herausforderungen.

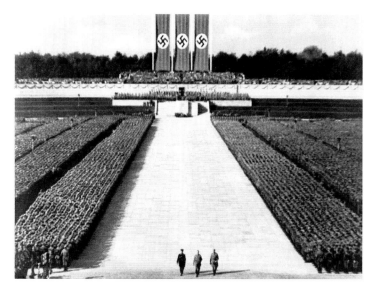

Abbildung 45: Das riesige Zeppelinfeld in Nürnberg diente den Nazis bei den Reichsparteitagen als Schauplatz gewaltiger Massenaufmärsche. Vom Rednerpult aus sprach Hitler zu den jubelnden Massen. Dass Nürnberg als Stadt der NS-Parteitage eine hohe Symbolkraft besaß, war eine wichtige Überlegung bei der Entscheidung der Signatarmächte, das Militärtribunal in Nürnberg abzuhalten.
Auf dem Foto marschieren (von links nach rechts) SS-Chef Heinrich Himmler, Adolf Hitler und SA-Chef Viktor Lutze zur Kranzniederlegung in der sogenannten Ehrenhalle in der Luitpoldarena zu Ehren der im Ersten Weltkrieg gefallenen Nürnberger und „Märtyrer der NS-Bewegung".

Abbildung 46: Hypnotisierte Deutsche beim synchronen Hitlergruß anlässlich des Reichsparteitags 1937.

Abbildung 47: Die Nazipropaganda inszenierte gewaltige Massenfeiern auf dem von Albert Speer entworfenen Zeppelinfeld als wirbelnden Rausch von Fackeln, Lichtern, Hakenkreuzen und Wagnerklängen. Hier sieht man im September 1937 Speers Lichterdom aus 134 Flaksuchscheinwerfern mit bis zu sechs Kilometern Reichweite, welche die Säulenarchitektur der Zeppelintribüne symbolisch bis hoch in den Himmel verlängern sollten.

Abbildung 48: Heinrich Himmler und Adolf Hitler in Nürnberg beim Inspizieren einer SS-Eliteeinheit. Himmler war der Leiter der SS und der Gestapo, unmittelbar zuständig für die Vernichtungslager sowie die Einsatzgruppen, paramilitärische Kommandos aus Polizeikräften und Waffen-SS, die Juden und Nazigegner liquidierten und oft als Todesschwadron bezeichnet wurden.

Abbildung 49: Beim Reichsparteitag 1935 marschieren SA-Truppen an Hitler vorbei. Die Hakenkreuzfahne hinter Hitler, auch „Blutfahne" genannt, war eines der Kultobjekte der Nazis, da ihr Tuch seit dem gescheiterten Bierhallenputsch des Jahres 1923 vom Blut dreier von der Polizei erschossener Nationalsozialisten getränkt war.

Abbildung 50: Die bekannte Dokumentarfilmerin Leni Riefenstahl wurde von Hitler gebeten, einen Film über den Reichsparteitag von 1934 zu drehen. Das Ergebnis *Triumph des Willens* war und ist zwar unverkennbar ein Propagandamachwerk, schrieb aber aufgrund seiner technischen Neuerungen und seiner Ästhetik Filmgeschichte.

Abbildung 51: US-Soldaten schwenken nach ihrem Einmarsch in Nürnberg im Frühjahr 1945 freudestrahlend ihre Fahnen auf den Ecktürmen des Zeppelinfelds. Bald nach der Einnahme Nürnbergs sprengten US-Pioniere das riesige Hakenkreuz über der Zeppelintribüne. Hitlers „Tausendjähriges Reich" hatte gerade einmal zwölf Jahre Bestand.

Abbildung 52: Bei Kriegsende war Hermann Görings Luftwaffe durch die pausenlosen Luftangriffe der Alliierten vom Himmel gefegt. Die alte Kaiserstadt Nürnberg besaß viele Industrieziele – Motorradwerke, Fabriken für Flugzeugmotoren und Kugellager –, die massiv bombardiert wurden. Auch der Großteil der historischen Altstadt ging in Flammen auf; rund zweitausend Bauten aus dem Mittelalter wurden beschädigt oder zerstört, auch das Grand Hotel und der Justizpalast trugen Bombenschäden davon, blieben aber weiterhin benutzbar. Hier wirft eine amerikanische B-17 („fliegende Festung") bei einem Erkundungsflug einen düsteren Schatten über ein Industrieareal der Stadt.

Abbildung 53: Nürnbergs Grand Hotel ist im Zuge der Behebung von Bombenschäden eingerüstet. Es war Unterkunft und zugleich geselliger Treffpunkt für viele im Stab der alliierten Mitarbeiter beim Internationalen Militärgerichtstribunal.

Abbildung 54: Eine idyllische Stadtansicht vor dem Krieg, betitelt „Pegnitzpartie am Fischersteg". Diese Postkarte war Teil eines Satzes romantisch altfränkischer Nürnberg-Motive, den man 1933 beim Reichsparteitag kaufen konnte.

Abbildung 55: Der Ostflügel des Nürnberger Justizpalasts. Hinter den verdunkelten Fenstern liegt der Schwurgerichtssaal 600, in dem das Militärtribunal tagte. Nürnberg lag in der US-Zone, daher waren die USA für alle Sicherheitsbelange zuständig. Das abgedruckte Foto entstand am 30. September 1946, also am Tag vor der Urteilsverkündung – daher waren die Sicherheitsvorkehrungen besonders massiv.

Abbildung 56: Robert H. Jackson, Richter am US Supreme Court, wurde von Präsident Truman zum Chefankläger der Vereinigten Staaten ernannt. Er war federführend an der Abwicklung des Militärtribunals beteiligt.

Meine Teilnahme an den Nürnberger Kriegsverbrecherprozessen
Etwa einen Monat nach Kriegsende in Europa kam meine Einheit in die fränkische Stadt Erlangen, unweit von Nürnberg. Als ich erfuhr, dass die Nazi-Elite vor Gericht angeklagt werden sollte und der Prozess im Nürnberger Justizpalast durchgeführt werden würde, requirierte ich einen Jeep und fuhr damit nach Nürnberg. Ich kontaktierte den für die Verwaltung und für die Prozessvorbereitung zuständigen Stabsoffizier und versuchte, nähere Informationen über den geplanten Prozess zu bekommen. Als ich dem Offizier von meiner österreichischen Abstammung und meiner jetzigen Tätigkeit bei der U. S. Air Force berichtete, erzählte er mir, wie dringend man für die Prozesse in Nürnberg Leute mit fließenden deutschen Sprachkenntnissen suchte. Er äußerte daher seinerseits großes Interesse, dass ich mich seinem Stab anschloss. Das Büro des amerikanischen Chefanklägers als die für die Vorbereitung des Prozesses zuständige Verwaltungseinheit würde die Einzelheiten meiner Abstellung klären, mir eine Unterbringung organisieren und mich dem Dolmetscherteam zuordnen, das für die Übersetzung der Dokumente und die vor der Verhandlung durchgeführten Vernehmungen der Angeklagten zuständig war.
Als ich jedoch dem befehlshabenden Obersten meines Bataillons, einem ruppigen Berufssoldaten, von meinen Plänen berichtete, weigerte er sich, meiner Abordnung zuzustimmen und bestand im Gegenteil darauf, dass ich unmittelbar nach Beendigung meiner Dienstpflichten nach England zurückkehrte. Da Nürnberg nicht in seinem Zuständigkeitsbereich lag, war er an den Vorbereitungen des Kriegsverbrecherprozesses gänzlich uninteressiert. Kurze Zeit darauf erhielt ich dann tatsächlich den Marschbefehl zu einer Luftwaffenbasis in der Nähe von Frankfurt, von wo aus ich den Rückflug nach London antreten sollte.
Nachdem mich mein Fahrer nachmittags am Flughafen abgesetzt hatte, sah ich mich vor eine schwierige Entscheidung gestellt: Mein Flugzeug sollte frühmorgens am nächsten Tag starten, und mir war klar, dass es sehr schwierig, wenn nicht gar gänzlich unmöglich werden würde, von London aus wieder zurück nach Nürnberg zu gelangen. Die Verhältnisse in Deutschland so kurz nach Kriegsende waren einfach zu chaotisch und infolge der unterschiedlichen Zuständigkeiten der einzelnen Besatzungsmächte in ihren Zonen allzu kompliziert. In London verfügte ich ganz gewiss nicht über die Verbindungen und den Einfluss, die nötig wären, um eine Versetzung nach Nürnberg genehmigt zu bekommen, das ja bekanntlich in der amerikanischen Besatzungszone lag.
Eine ganze unruhige Nacht lang quälte ich mich mit der Suche nach einer Entscheidung. Sollte ich dem Marschbefehl folgen und mit dem Risiko,

nicht wieder zurückkehren zu können, am nächsten Morgen das Flugzeug nach London besteigen – oder sollte ich den Befehl ignorieren und auf eigene Faust nach Nürnberg fahren? Mit meinen einundzwanzig Jahren musste ich eine Wahl treffen, die mein ganzes künftiges Leben bestimmen konnte und auch bestimmen sollte. Ich entschied mich gegen den Flug nach London und fuhr stattdessen per Autostopp zurück nach Nürnberg, wo ich ohne weitere Fragen herzlich aufgenommen wurde. Ich wurde sofort bei der US-Zivilverwaltung angestellt, bekam ein Zimmer im Grand Hotel von Nürnberg zugeteilt und wurde der Sprachenabteilung zugewiesen, die erst kürzlich zur Vorbereitung der Kriegsverbrecherprozesse eingerichtet worden war.

Obwohl ich mich eigenmächtig von der Truppe entfernt hatte und somit de facto fahnenflüchtig war, war ich mir ziemlich sicher, dass sich mein Status schon irgendwie klären würde, sobald man erst die Bedeutung und Wichtigkeit der Prozesse erkannte. Tatsächlich machte mich die US-Militärpolizei einige Wochen später im Nürnberger Justizpalast ausfindig. Das Büro des für die Verwaltung und für die Prozessvorbereitung zuständigen Stabsoffiziers bestätigte daraufhin umgehend meine dienstliche Verpflichtung und meinen Status als festes Mitglied des Stabes bei den Nürnberger Prozessen. In meinem späteren Leben dachte ich noch oft an diese Situation zurück, in der ich mich für einen Weg festlegen musste, und daran, was es alles mit sich gebracht hatte, dass ich mich damals für die Teilnahme an der bedeutendsten Gerichtsverhandlung des 20. Jahrhunderts entschied. Den Befehl zur Rückkehr nach England zu verweigern, prägte mein ganzes zukünftiges persönliches wie auch berufliches Leben.

Abbildung 57: Werner Lorenz, vormals SS-Obergruppenführer und General der Waffen-SS, angeklagt wegen Verschleppung, Versklavung, Vernichtung und Verbrechen gegen die Menschlichkeit bei einer Vernehmung vor Eröffnung des Prozesses mit mir als Dolmetscher rechts von ihm.

Das „Umfeld" der Nürnberger Prozesse
Bevor ich eine feste Unterkunft in einem der Nürnberger Vororte zugewiesen bekam, war ich im Nürnberger Grand Hotel untergebracht, das in unmittelbarer Nähe der Altstadt lag. Da Nürnberg mehrmals Ziel massiver alliierter Bombenangriffe gewesen war, lag die ganze Innenstadt in Schutt und Asche. Ein Flügel des Hotelgebäudes war noch immer von den Bombenschäden gezeichnet, daher war ich gezwungen, auf dem Weg zu meinem Zimmer über eine hölzerne Behelfsbrücke zu balancieren. Foyer, Speisesaal und die Bars des Hotels waren jedoch in bestem Zustand erhalten geblieben und wurden rasch zum Mittelpunkt eines regen gesellschaftlichen Lebens. Am Ende des Arbeitstages trafen sich hier regelmäßig die aus vielen Nationen stammenden Mitarbeiter der Nürnberger Prozesse.
Im Justizpalast, der keine zwei Kilometer vom Grand Hotel entfernt lag, befand sich der große Gerichtssaal 600, in dem das Hauptverfahren stattfinden würde, dazu einige kleinere Gerichtssäle für die späteren Folgeprozesse. Im Justizpalast waren auch die Büro- und Arbeitsräume für die Richter, die Vertreter der Anklage und der Verteidigung untergebracht, ebenso die Diensträume für die Sekretariate, die Gerichtsstenographinnen und -stenographen, für die Pressevertreter und für die Übersetzerinnen und Übersetzer, zu denen ich gehörte. Das Gebäude musste jedoch für die Prozesse erst entsprechend vorbereitet und umgebaut werden. Für die Richter, die Zeugen und die Öffentlichkeit wurde ausreichend Platz geschaffen, auch wurden im großen Gerichtssaal eine Lautsprecheranlage sowie die Simultandolmetschanlage eingebaut. Gleich neben dem Hauptgebäude befand sich der Zellentrakt für die einundzwanzig Angeklagten und einige Zeugen, die von Wachen begleitet zu den Vernehmungsräumen und später, nachdem der Prozess begonnen hatte, zur Anklagebank geführt wurden. Da Nürnberg in der US-amerikanischen Besatzungszone lag, waren die USA für den Ablauf des gesamten Verfahrens verantwortlich, mithin auch für die Verwaltung und die Gewährleistung der Sicherheit einschließlich der Abordnung von Militärpolizisten und Wachmannschaften.

Die Vorbereitungen auf die Verhandlungen
Nach dem Ende des Krieges wurden die Verantwortlichen aus NSDAP, Wehrmacht, Wirtschaft und Verwaltung aus all den verschiedenen Städten, in denen sie verhaftet worden waren, nach Nürnberg gebracht. Nürnberg war zum einen als Gerichtsort ausgewählt worden, weil dort ein von Bomben unzerstört gebliebener, großer Gerichtssaal sowie weitere für einen Prozess dieser Dimensionen geeignete Einrichtungen zur Verfügung stan-

den; zum anderen aber auch wegen der symbolischen Bedeutung der Stadt, da die Nazis genau an diesem Ort ihre jährlichen Reichsparteitage abgehalten hatten. Da einige der Nazi-Größen Selbstmord begangen hatten – darunter Adolf Hitler selbst –, standen die einundzwanzig Angeklagten aus den Schlüsselstellungen der Regierung stellvertretend für die gesamte Führungsriege Nazi-Deutschlands. Zu diesen einundzwanzig Angeklagten gehörten NS-Granden wie der „Reichsmarschall des Großdeutschen Reiches" Hermann Göring, der „Stellvertreter des Führers" Rudolf Heß und der Außenminister Joachim von Ribbentrop.
Bereits kurz nach Ende des Krieges auf dem europäischen Kontinent wurde im August 1945 in London mit der Verabschiedung der „London Charta" – der Charta des internationalen Militärtribunals – seitens der vier Siegermächte, welche die Anklage vertraten, der rechtliche Rahmen für die Durchführung der Nürnberger Prozesse geschaffen. Robert H. Jackson, der von Präsident Truman von seinem bisherigen Amt als Richter am amerikanischen Supreme Court freigestellt wurde, um als Hauptanklagevertreter der USA aufzutreten, spielte eine Schlüsselrolle bei der überaus schwierigen Aufgabe, eine für alle Seiten annehmbare Vereinbarung über die Abwicklung der Prozesse zu erzielen. Die USA und Großbritannien gingen die Aufgabe auf Basis des angelsächsischen Gewohnheitsrechts an, die Franzosen taten dies im Rahmen ihres Code civil, die Sowjetunion wiederum setzte eher auf Abschreckung mittels zügiger Aburteilung und bewies wenig Verständnis und Geduld für die bis ins Einzelne gesetzlich geregelten Verfahrensweisen einer demokratischen Justiz. Jackson sprach sich in seiner Eröffnungsrede als amerikanischer Hauptankläger in deutlichen Worten gegen jede summarische Aburteilung aus.
„Wir dürfen niemals vergessen, daß nach dem gleichen Maß, mit dem wir die Angeklagten heute messen, auch wir morgen von der Geschichte gemessen werden. Diesen Angeklagten einen vergifteten Becher reichen, bedeutet, ihn an unsere eigenen Lippen zu bringen. Wir müssen an unsere Aufgabe mit so viel innerer Überlegenheit und geistiger Unbestechlichkeit herantreten, daß dieser Prozeß einmal der Nachwelt als die Erfüllung menschlichen Sehnens nach Gerechtigkeit erscheinen möge."[7]
Es ist in erster Linie Jacksons Einsatz und Geschick zu verdanken, dass unter den vier Hauptalliierten all jene Streitigkeiten beseitigt wurden, die zu Fragen des Verfahrens und der Auswahl der Angeklagten bestanden. Um ein Haar hätte die hitzig geführte Auseinandersetzung die Verhandlungen

---

[7] Zitiert nach der Übersetzung auf:
http://www.bz.nuernberg.de/bzshop/publikationen/nproz/nproz.html#prozess.

in London zum Platzen gebracht. Zuletzt wurden die strittigen Punkte in relativ kurzer Zeit geklärt, woraufhin das Internationale Kriegsverbrechertribunal nach Nürnberg einberufen werden konnte. Die Londoner Charta setzte den Rahmen für das Gerichtsverfahren, in dem das Tribunal der vier Signatarmächte seine Urteile fällen und das Strafmaß festlegen konnte.

Schon die Auswahl der einundzwanzig Angeklagten stellte eine große Herausforderung an die Anklagevertreter der vier Nationen dar. Es musste in dieser Frage ein Übereinkommen erzielt und eine Kompromisslösung gefunden werden. Zwei Hauptkriterien galt es bei der Festlegung der Angeklagten zu berücksichtigen: Erstens würde all jenen Angeklagten der Prozess gemacht werden, die führend in den Schlüsselpositionen der Nazi-Regierung tätig gewesen waren – so beim Militär, im Diplomatischen Korps, in den Polizei- und Sicherheitskräften, in der Wirtschaft und im Propagandaapparat. Zweitens sollten weitere Angeklagte aufgrund konkreter Taten oder aber wegen ihrer auf Führungsebene geltenden Zuständigkeit für die in der Anklageschrift festgehaltenen Verbrechen zur Rechenschaft gezogen werden. Gegen einige der Beschuldigten wurde daher in allen vier Anklagepunkten verhandelt: Verbrechen gegen den Frieden, Verschwörung zur Planung und Führung eines Angriffskrieges, Kriegsverbrechen und Verbrechen gegen die Menschlichkeit. Andere Angeklagte dagegen standen nur in einem, zweien oder dreien dieser Punkte unter Anklage.

Zum ersten Mal in der Geschichte wurden derartige Anklagen vor einem aus mehreren Nationen zusammengesetzten Gericht erhoben. Der Prozess in Nürnberg beschritt völlig neue juristische Wege und wurde zum Meilenstein bei der Inkraftsetzung und Ausübung des Völkerrechts. Er war der Vorläufer und schuf überhaupt erst die Voraussetzungen für den Prozess in Tokio, der im darauffolgenden Jahr stattfand; gleiches gilt für die späteren Verhandlungen vor dem Internationalen Gerichtshof von Den Haag gegen die Verantwortlichen des Krieges in Jugoslawien, für die Prozesse wegen des Völkermordes in Ruanda und insgesamt für alle Verfahren vor dem heute bestehenden Internationalen Gerichtshof. Nürnberg schuf den Grundsatz, dass die Berufung auf den Befehlsnotstand niemals als Rechtfertigungsgrund für Völkermord anerkannt wird.

Die Vernehmungen in den Nürnberger Vorverfahren
Unmittelbar nach meiner Ankunft in Nürnberg wurde ich der Abteilung zugeteilt, deren Mitarbeiter die Vernehmungen mit den angeklagten Hauptkriegsverbrechern durchzuführen hatte. Diese begannen immer am frühen Vormittag und dauerten oft bis in die Nacht. Da es um die Erhärtung der

Anklageerhebung und die Überprüfung der Stichhaltigkeit des dokumentarischen Beweismaterials ging, waren in die Vernehmungen sowohl Angeklagte als auch Zeugen einbezogen. Der Schwerpunkt lag jedoch klar auf der Befragung der Beschuldigten.

Zeugen waren im Vergleich dazu nur wenige geladen. Dies galt ähnlich für die Beweisaufnahme im Zuge der Hauptverhandlung: Statt auf eine Vielzahl von Zeugenaussagen zu bauen – was nicht zuletzt enormen logistischen Aufwand bedeutet hätte, da man alle hierfür benötigten Zeugen für die Gesamtdauer des Prozesses nach Nürnberg hätte holen müssen –, stützte sich die Anklage hauptsächlich auf die Vorlage schriftlicher Beweismittel, beispielsweise auf strategische Pläne zur Vorbereitung des Angriffskrieges oder auf Anordnungen und Befehle, die Kriegsverbrechen und Verbrechen gegen die Menschlichkeit zur Folge hatten.

Wachmänner brachten die Angeklagten aus ihren Gefängniszellen in einen der Vernehmungsräume im Justizpalast, wo sie bereits von mehreren Personen erwartet wurden – ein Vertreter der Anklage, ein Protokollführer (entweder eine Gerichtsstenographin bzw. ein Gerichtsstenograph oder aber eine Gerichtsstenotypistin bzw. ein Gerichtsstenotypist) sowie ein Deutsch-Englisch-Übersetzer: Letzteres war während des Vorverfahrens meine Aufgabe. Die angeklagten Militärs, etwa die Generäle Keitel und Jodl, erschienen zwar in Uniform, jedoch ohne Rangabzeichen. Beim Betreten des Zimmers standen sie stramm, schlugen die Hacken zusammen und nahmen erst Platz, wenn sie dazu aufgefordert wurden. Die zivilen Angeklagten dagegen trugen ganz normale Straßenanzüge. Die Juristen, denen die Durchführung der Vorverhandlungen sowie die nachfolgende Vorbereitung und Durchführung der Hauptverhandlung oblag, hatte man eigens in den Vereinigten Staaten von Amerika dazu angeworben. Manche von ihnen waren Zivilangestellte, andere Offiziere des Militärs, alle aber waren sie dem Chefankläger der Vereinigten Staaten unterstellt.

Denke ich zurück an die vier Jahre, die ich in Nürnberg verbracht habe – über ein Jahr davon beim Hauptprozess vor dem Internationalen Militärgerichtshof, anschließend drei weitere Jahre bei den Nachfolgeprozessen –, laufen die Bilder der im Rahmen der Vorbereitung des Hauptprozesses durchgeführten Vernehmungen am lebhaftesten vor meinem inneren Auge ab. Denn bei diesen Vernehmungen legte die NS-Führungselite spontan und weitgehend unverfälscht Zeugnis von ihren Taten und Überzeugungen ab. Damals, nur wenige Wochen nach der Zerschlagung und Auflösung des NS-Gewaltregimes, der unmittelbar darauf die Inhaftierung gefolgt war, wurde von diesen Männern nämlich zum ersten Mal verlangt, dass sie Fragen zu ihrer Funktion während der Nazizeit beantworteten und dazu Stellung bezogen. In gewisser Weise ähnelten diese Befragungen der Vorgehensweise bei einer Autopsie, bei der die Pathologen ja ebenfalls der Entstehung und dem Verlauf einer tödlichen Krankheit nachspüren. Die Befragungen im Vorverfahren erbrachten eine Vielzahl von Aussagen, die noch nicht mit starrem Blick auf die Verteidigungsstrategie gefiltert waren, für die man sich bei der späteren Vernehmung im Zeugenstand vor dem Tribunal entschieden hatte. Was wir zu hören bekamen, eröffnete uns unmittelbare Einblicke in so etwas wie eine erste und unzensierte Geschichtsschreibung.

Auch wenn die Durchführung des Hauptprozesses unter internationaler Verantwortung erfolgte, sprich dass die Richter und Ankläger sämtliche vier Signatarmächte vertraten, wurde die überwiegende Mehrzahl der vor der Hauptverhandlung anberaumten Vernehmungen von der Anklagevertretung der Vereinigten Staaten übernommen. Die Abschriften der Vernehmungsprotokolle wurden dann jeweils an die britische, französische und sowjetische Abordnung sowie an die deutschen Strafverteidiger weitergereicht.

Im Großen und Ganzen gaben sich die Angeklagten bei den Vernehmungen recht kooperativ. Ja mehr noch, sie schienen sogar eifrig darauf bedacht zu sein, Erklärungen für ihr Verhalten zu finden und sich selbst in ein möglichst günstiges Licht zu rücken. In der Regel suchten sie zu diesem Zweck entweder den Kontext konkreter Handlungen bzw. Entscheidungen zu verdeutlichen oder aber darauf zu verweisen, dass sie eisern in bestimmte vorgegebene Zuständigkeits- und Befehlsketten eingebunden waren. So gut wie alle Vernehmungen betonten das sogenannte *Führerprinzip* des Naziregimes, wonach sich Adolf Hitler stets – und zwar einerlei, ob in seiner Funktion als Oberbefehlshaber der Wehrmacht, als Oberhaupt des Staates oder aber als Chef der NSDAP – in letzter Instanz die schlussendliche Befehlsgewalt vorbehielt. Obwohl er bei Kriegsende in einem Berliner Bunker Selbstmord verübt hatte, war Hitler während des gesamten Prozesses allzeit in den Aussagen der Schlüsselfiguren seiner Regierung und engsten Gefolgschaft gegenwärtig.

In der Phase des Vorverfahrens war es meine Pflicht mir im Zuge meiner Dolmetschertätigkeit, die Fragen der Ankläger ins Deutsche und umgekehrt die Antworten der Angeklagten bzw. Zeugen ins Englische zu übersetzen. Einige der Beschuldigten, beispielsweise Göring und Ribbentrop, waren zwar durchaus der englischen Sprache mächtig, zogen es aber vor, die Übersetzung abzuwarten und erst dann auf Deutsch zu antworten, weil ihnen das mehr Zeit zum Nachdenken gab.

Die Strategie der Verteidigung
Sowohl bei den Befragungen vor der Eröffnung des Prozesses als auch bei den Verhandlungen selbst verfolgte die Verteidigung eine stets gleichbleibende Strategie – man berief sich auf das Führerprinzip, sprich das Argument, jeder habe sich den Befehlen von Vorgesetzten unterordnen müssen, ohne deren Rechtmäßigkeit in Frage stellen zu können. Der Nürnberger Gerichtshof verwarf diese Strategie der Verteidigung als unzulässige Zurückweisung eigener Verantwortung und Schuld. Das Tribunal erklärte diese pauschale Bezugnahme auf den vermeintlichen Befehlsnotstand als bloßen Vorwand, mit dem sich die Angeklagten vom begangenen Völkermord und anderen Kriegsverbrechen freiwaschen wollten. Im Beharren auf dem Grundsatz, dass alle derartigen Verbrechen sehr wohl auch individuell gesühnt werden müssen, schuf das Nürnberger Tribunal gegen die Hauptkriegsverbrecher einen bleibenden und überaus wichtigen Beitrag zum Völkerrecht.
Eine zweite Stoßrichtung der Verteidigung berief sich auf die inhaltliche Position, dass die in Kriegszeiten herrschenden Bedingungen sowie die einzigartigen Umstände des Überlebenskampfes Deutschlands extreme Maßnahmen erforderlich machten, zu denen man in friedlicheren Zeiten nie und nimmer gegriffen hätte. Diese Argumentation wurde vor allem gegen die Anklageerhebung wegen Kriegsverbrechen und Verstößen gegen die Genfer Konvention von den Verteidigern ins Feld geführt.
Nachdem das Gericht die Angeklagten aber mit den Beweisen für Massenmorde durch Erschießungen und Vergasung in den Gaskammern konfrontiert hatte, verlegten sich die Angeklagten auf eine dritte Strategie und behaupteten, sie selbst hätten davon entweder nichts gewusst oder seien persönlich für diese Verbrechen nicht verantwortlich gewesen. Die Schuld und Verantwortung für diese Greuel wurden anderen Nazi-Größen zugeschoben, die mittlerweile nicht mehr am Leben waren; genannt wurden insbesondere der Führer selbst sowie der SS-Führer Heinrich Himmler und ebenso der Gestapo-Chef Reinhard Heydrich.
Bei mehreren Gelegenheiten konterte die Verteidigung die Vorhaltungen der Anklage mit dem *tu quoque*-Vorwurf, sprich dem juristischen Grundsatz des „Auch du!", indem man vorbrachte, die Alliierten hätten ihrerseits ganz ähnliche oder gar identische Verbrechen begangen wie die jetzt in Nürnberg Angeklagten. Diese Strategie der Verteidigung bezog sich im Besonderen auf die angeblich von der Sowjetunion begangenen Kriegsverbrechen. Dem Einspruch der Anklagevertreter folgend, hielt der Gerichtshof im Protokoll fest, dass bei dem in Nürnberg eröffneten Strafprozess ausschließlich auf der Grundlage der in Form des Londoner Statuts

offiziell vorgelegten Anklageschrift gegen die hier beschuldigten Hauptkriegsverbrecher verhandelt würde und daher Klagen wegen anderer Kriegsverbrechen vor diesem Militärtribunal nicht zulässig seien.

Die beteiligten Juristen
Die Angeklagten hatten das Anrecht auf einen Rechtsbeistand ihrer Wahl. Das eigens für die Prozesse eingerichtete Generalsekretariat des Militärtribunals in Nürnberg half ihnen, mit den Anwälten, die in Frage kamen, in Kontakt zu treten und Vorgespräche mit ihnen zu führen; darüber hinaus kümmerte es sich um eine Unterkunft für die Verteidiger vor Ort. Die deutschen Strafverteidiger wirkten, wenn man sie in der Bankreihe vor den zumeist jüngeren Angeklagten sitzen sah, wie der Inbegriff bürgerlicher Gediegenheit und strahlten dementsprechend Selbstvertrauen samt dazugehöriger Würde aus. Viele von ihnen waren des Englischen zumindest passiv mächtig und achteten darauf, dass wir korrekt übersetzten; bisweilen erhoben sie Einspruch, wenn sie glaubten, einen Fehler entdeckt zu haben.
Im Gegensatz zu den abgeklärten deutschen Strafverteidigern waren die amerikanischen Juristen meist jünger und verfügten daher über deutlich weniger Berufserfahrung. Sogar dem Hauptankläger Richter Jackson fehlte es am detaillierten und fundierten Geschichtswissen, um die Nürnberger Prozesse in den Kontext der politischen und historischen Entwicklungen, die letztlich zur Nazidiktatur und in den Weltkrieg geführt hatten, einordnen zu können. Dies kam insbesondere beim Kreuzverhör von Hermann Göring zum Ausdruck, der zielstrebig versuchte, den Verlauf des Verhörs in seinem Sinne zu beeinflussen. Die Amerikaner zeichneten sich jedoch ganz allgemein durch ihre große Lernfähigkeit aus und machten den Mangel an Erfahrung durch das enorme Engagement und den Eifer wett, mit dem sie ihrer Aufgabe bei den Prozessen nachkamen. Der Hauptankläger Jackson vermochte speziell durch seine rednerischen Fähigkeiten zu überzeugen. Sein Eröffnungs- und sein Schlussplädoyer bei den Prozessen gehören zu den herausragenden Beispielen juristischer Eloquenz. Stellvertretend als Beispiel sei an dieser Stelle ein Ausschnitt aus seinem angesprochenen Eröffnungsplädoyer aufgeführt:
Die Untaten, die wir zu verurteilen und zu bestrafen suchen, waren so ausgeklügelt, so böse und von so verwüstender Wirkung, daß die menschliche Zivilisation es nicht dulden kann, sie unbeachtet zu lassen, sie würde sonst eine Wiederholung solchen Unheils nicht überleben. Daß vier große Nationen, erfüllt von ihrem Siege und schmerzlich gepeinigt von dem geschehenen Unrecht, nicht Rache üben, sondern ihre gefangenen Feinde freiwillig

dem Richtspruch des Gesetzes übergeben, ist eines der bedeutsamsten Zugeständnisse, das die Macht jemals der Vernunft eingeräumt hat.[8]
Die Anklagevertreter der Briten und der Franzosen waren natürlich erfahrener und beschlagener, was die Details und Hintergründe der Politik Nazideutschlands anging. Sir Hartley Shawcross und Sir David Maxwell Fyfe, die britischen Hauptankläger, bestachen insbesondere durch ihre beeindruckenden rhetorischen Fähigkeiten, mit denen sie ihre Stellungnahmen vortrugen und die Kreuzverhöre abhielten. Als Chefankläger Jackson beim Kreuzverhör von Göring in die Defensive geriet, gelang es Sir Maxwell Fyfe, das Heft wieder in die Hand zu nehmen. Die russischen Ankläger, die zumeist den Reihen des Militärs entstammten, zeichneten sich vor allem dadurch aus, dass sie für das notwendige formale Procedere nur wenig Geduld und Fingerspitzengefühl an den Tag legten. Sie neigten vielmehr dazu, sich in Beweismaterial zu verbeißen, das sich auf einzelne konkrete Straftaten bezog.

Der Vorsitzende Richter, Lord Justice Geoffrey Lawrence, leitete das Verfahren schlicht meisterhaft – mit starker Hand, dabei aber mit typisch britischem Humor und Understatement. Wir Dolmetscher waren ihm zutiefst dankbar für sein großes Verständnis für die Herausforderungen, die wir tagtäglich an den Mikrophonen meistern mussten. Sein Entgegenkommen zeigte sich zum Beispiel darin, dass er die Verteidiger und die Zeugen wieder und wieder aufforderte, langsam und deutlich zu sprechen. Durch seine ebenso beiläufig wie selbstverständlich demonstrierte Würde als leitender Richter des Tribunals beeindruckte Lord Justice Lawrence alle im Gerichtssaal vertretende Gruppen: die Anklagebehörde, die Angeklagten, die Verteidiger und die Zuhörer. Er bestand auf Klarheit in den Aussagen und Beweisstücken und auf sachlichen sowie möglichst knappen Darlegungen. Nicht zuletzt seiner Führung der Verhandlung verdankt sich die Tatsache, dass das Nürnberger Kriegsverbrechertribunal im Urteil der Öffentlichkeit als einer der Höhepunkte der Justiz des zwanzigsten Jahrhundert gilt.

Das Vermächtnis der Nürnberger Prozesse
Die Literatur zu den Nürnberger Prozessen, insbesondere was deren Bedeutung für das internationale Strafrecht und die Beweisführung bei Völkerrechtsvergehen angeht, ist in den letzten Jahrzehnten enorm angewachsen. Einig sind sich fast alle, die über die Prozesse schreiben – egal, in welcher

---

[8] Siehe: Der Prozeß gegen die Hauptkriegsverbrecher vor dem Internationalen Gerichtshof Nürnberg. Nürnberg 1947, Bd. 2, S. 111-132 (Faksimile).

Sprache und ob nun als ehemalige Teilnehmer, Beobachter oder Wissenschaftler –, dass die Nürnberger Prozesse einen Meilenstein in der Entwicklung des Völkerrechts darstellen. Auch ich habe in den mehr als fünfzig Jahren, die seit meiner Arbeit als Dolmetscher für die Kriegsverbrecherprozesse vergangen sind, eine Reihe von Veröffentlichungen über meine dortige Tätigkeit verfasst. Des Weiteren habe ich an zahlreichen Veranstaltungen und Diskussionsforen in den USA sowie an vielen anderen Orten der Welt teilgenommen und dort Vorträge gehalten, in denen ich mich aus der Perspektive eines ehemaligen Teilnehmers mit dem historischen Vermächtnis der Nürnberger Prozesse und Nachfolgeprozesse auseinandersetzte.

Bis heute finden sich in aller Welt in den juristischen Fachbibliotheken umfangreiche Analysen und Kommentare zu Rechtsgültigkeit und Bedeutung. Ein des Öfteren gegen die Nürnberger Prozesse sowie die nachfolgenden Tokioter Kriegsverbrecherprozesse erhobener Vorwurf ist die These von der Siegerjustiz. Kritisch und knapp zusammengefasst, steht die Justiz dabei auf der Seite der siegenden Macht. Als wichtigstes Gegenargument bleibt hier festzuhalten, dass zu dem Zeitpunkt, als die Prozesse in Nürnberg stattfanden, Deutschland militärisch vernichtend geschlagen war und man wahrhaftig von einer „Stunde Null" sprechen konnte, in der es nun einmal keine deutsche Zivilverwaltung oder Staatsgewalt, geschweige denn Regierung gab. Aufgrund der vorgelegten Beweise für schwerste Verbrechen mit Millionen von Opfern war es jedoch unabdingbar, die Täter schnell und ohne große Zeitverzögerung vor Gericht zu stellen. Die Vereinten Nationen wiederum, die eine geeignete und auch wünschenswerte staatenübergreifende Instanz zur Führung der Gerichtsverhandlungen gewesen wäre, gab es zum Zeitpunkt der Anklageerhebung noch nicht. Unter den gegebenen Rahmenbedingungen war die Einrichtung des Nürnberger Kriegsverbrechertribunals durch die alliierten Siegermächte daher eine ebenso sinnvolle wie notwendige Maßnahme. Die Völkergemeinschaft konnte den Angriffskrieg der Nationalsozialisten und die brutalen Verbrechen gegen die Menschlichkeit unmöglich ignorieren. Die Alternative – nämlich nichts zu unternehmen – wäre zweifellos so unerträglich wie undenkbar gewesen.

Die Verteidigung bezeichnete die ersten beiden gegen die Angeklagten vorgebrachten Anklagepunkte, das heißt die Verbrechen gegen den Frieden und die Durchführung eines Angriffskrieges als *ex post facto*-Gesetzsprechung, somit als unzulässige Anklage auf Basis von erst neu geschaffenen Tatbeständen, die vorher überhaupt nicht strafbar gewesen waren. Wie also, so argumentierten die Verteidiger, könne Anklage wegen der

Planung und Durchführung eines Angriffskrieges erhoben werden, wenn es bis dahin noch gar kein international gültiges Völkerrecht gab, welches den Straftatbestand des Angriffskrieges juristisch definiert und als Verbrechen eingestuft hätte. Tatsächlich ist dieses Problem der Gesetzgebung bis heute nicht gelöst, wie das Beispiel des Internationalen Gerichtshofs in Den Haag zeigt, dessen Unterzeichnerstaaten den Begriff des Angriffskriegs noch immer nicht rechtlich verbindlich geklärt haben. Die Anklagevertreter in Nürnberg entkräfteten diese Argumentation auf Basis der *ex post facto*-These mit der Feststellung, dass dem Nürnberger Verfahren allgemein anerkannte und somit ausreichend kodifizierte Bestandteile des Naturgesetzes zugrunde lägen. Des Weiteren verwiesen die Anklagevertreter auf den 1928 vom Deutschen Reich mitunterschriebenen Briand-Kellogg-Pakt, auch unter dem Namen Pariser Vertrag bekannt, dessen elf Signatare den Angriffskrieg als Verstoß gegen internationale Vereinbarungen ächteten und für völkerrechtswidrig erklärten. Dieser Vertrag stellt ein wichtiges multinationales Abkommen dar und verpflichtet alle Unterzeichnerstaaten zur Einhaltung der völkerrechtlichen Normen zur Erhaltung des Friedens, mit anderen Worten verbietet er die Androhung oder Anwendung von militärischer Gewalt als einen Verstoß gegen das Völkerrecht. Der Nürnberger Gerichtshof berief sich folgerichtig auch weiterhin auf den Anklagepunkt des Verbrechens gegen den Frieden und verurteilte etliche der Angeklagten wegen der Führung eines Angriffskrieges.

Die Anklagepunkte drei und vier – Kriegsverbrechen und Verbrechen gegen die Menschlichkeit – stützten sich auf erdrückende und unwiderlegbare Beweise aufgrund von schriftlichen Dokumenten und mündlichen Aussagen von Opfern und Augenzeugen der Verbrechen sowie auf die Existenz der Gaskammern und sonstiger Belege für Massenmord in den Konzentrationslagern. Die Verteidiger konnten denn auch nicht bestreiten, dass diese Greueltaten tatsächlich stattgefunden hatten. Der Hauptansatz der Verteidigung lief daher darauf hinaus, dass die Angeklagten von den Verbrechen entweder nichts gewusst hätten oder nicht unmittelbar daran beteiligt gewesen seien; aber auch dieses juristische Argument wurde durch die schier erdrückende Beweislast entkräftet.

Eine grundlegende Frage stellte sich immer nachdrücklicher, als der Prozess laufend neue und schreckliche Enthüllungen brachte: Wie um alles in der Welt konnten Verbrechen dieses ungeheuren Ausmaßes im Namen Deutschlands begangen worden sein, das als ein Stützpfeiler der europäischen Zivilisation und als eine Nation mit langer und ruhmreicher Geschichte auf den Gebieten von Literatur, Wissenschaft und Kunst galt? Wir alle, die wir zum Stab des Nürnberger Gerichtshofs zählten und die Beweisaufnahme sozusagen hautnah miterlebten, stellten uns diese Frage genauso eindringlich wie die Weltöffentlichkeit, die über die Medien nach und nach vom bis dahin undenkbaren Ausmaß der Verbrechen erfuhr.

In den Jahren nach den Prozessen von Nürnberg wurde mir diese Frage oft gestellt, bisweilen bat man mich auch, etwas über meine Nürnberger Erfahrungen und Erinnerungen zu Papier zu bringen. In meiner Antwort versuchte ich dabei stets die allgemeine Bedeutung dieser epochalen Frage herauszustreichen, um zu erklären, weshalb ich mich nie allein auf die in dieser Zeit von Deutschen begangenen Verbrechen bezog. Denn eines scheint mir unumstößlich: Sobald eine Regierung nicht mehr durch parlamentarische Gegenstimmen überprüft wird und keinerlei politischer oder richterlicher Kontrolle mehr unterliegt, ist die Freiheit in Gefahr. Missachtet ein diktatorisches System bestehende demokratische Gesetze oder erklärt sie kurzerhand für null und nichtig, um sie nach Gutdünken durch neue „Gesetze" zu ersetzen, sieht die Zukunft düster aus. Ein schlimmes Ende droht, falls diese Nation dann zu dem Schluss kommen sollte, dass es rechtens sei, ein angestrebtes Ziel mit allen nur erdenklichen, noch so verbrecherischen Mitteln zu erreichen. Wird die Verfolgung bestimmter Teile der Bevölkerung eines Landes zum Regierungsziel erklärt und reagiert die Weltgemeinschaft der Völker nicht sofort energisch auf die zur Umsetzung einer ethnischen „Säuberung" von einer Diktatur begangenen Verbrechen, so wird das Ergebnis verlässlich so aussehen, wie es das Beispiel des vom Terror des Nazi-Regimes in den Abgrund gestürzten Deutschlands lehrt. Aktuelle Beispiele wie die Völkermorde in Bosnien, Ruanda, Darfur und andernorts zeigen das nur zu deutlich.

Das Vermächtnis der Nürnberger Prozesse ist deswegen gar nicht hoch genug zu veranschlagen – es schuf einen Eckpfeiler des Völkerrechts und erlangte damit eine universelle Bedeutung, die weit über alle konkreten Fakten der in Deutschland während der Jahre der Hitlerdiktatur begangenen und abgeurteilten Verbrechen hinausgeht, mögen diese auch noch so entsetzlich gewesen seien.

Mitläufer und Widerstand

Was wiederum die Rolle der einfachen Menschen und ihre Unterstützung des Nazi-Regimes angeht, so muss sie im Zusammenhang mit dem Überlebenskampf der Bevölkerung während des Krieges und den herrschenden Lebensbedingungen unter einer Diktatur gesehen und damit vielleicht sogar in Teilen nachgesehen werden, weil jede abweichende Meinung scharf und vielfach tödlich geahndet wurde. Dennoch gab es immer wieder einzelne und heldenhafte Beispiele des Widerstands gegen das Nazi-Regime. Das von Claus von Stauffenberg durchgeführte, fehlgeschlagene Attentat gegen Hitler am 20. Juli 1944 steht nur als ein herausragendes mutiges Exempel dafür. Wäre diese Aktion geglückt, wäre der Krieg mit Sicherheit schneller zu Ende gegangen; dies hätte gewiss wesentlichen Einfluss auf die gesamte Nachkriegspolitik und die Haltung der Alliierten gegenüber Deutschland gehabt.

So oder so wird die Frage aber weiterhin gestellt werden, wie viel Schuld und Mittäterschaft die ganz gewöhnlichen deutschen Durchschnittsbürger als sogenannte Mitläufer auf sich luden, wenn sie doch gar nicht anders konnten, als angesichts der ständigen Deportationen, der Massenmorde und der Vergasungen in den KZs und Vernichtungslagern zumindest eine Ahnung davon zu bekommen, zu welchen Schreckenstaten das NS-Regime fähig und willens war. In seinem heftig umstrittenen Buch „Hitlers willige Vollstrecker" stellt der US-amerikanische Politologe Daniel Goldhagen einen engen Zusammenhang zwischen dem weit verbreiteten Antisemitismus und der an diese Geisteshaltung anknüpfenden Verfolgung und Vernichtung der Juden fest, an der sich viele ganz und gar durchschnittliche Deutsche beteiligten.

Goldhagens kollektive Schuldzuweisung an die Deutschen berücksichtigt indes nicht jenen schweigenden Teil der deutschen Bevölkerung, der nicht fähig oder willens war, seine Stimme in einer Atmosphäre zu erheben, die bis in die kleinsten Nischen des Alltags hinein von einer grausamen und sofort hart zuschlagenden Gewaltherrschaft bestimmt war. Auf Grundlage der Beobachtungen, die ich im Laufe mehrerer Jahre im Nachkriegsdeutschland machte, begann ich allmählich zu verstehen, warum sich dieser stumm gebliebene Teil des deutschen Volkes seinerseits als Opfer des Naziregimes begriff. Nach und nach lernte ich so die Anständigkeit vieler meiner deutschen Nachbarn und Freunde neu wertzuschätzen.

Das Attentat vom 20. Juli 1944
Über der Aufzählung all der von den Nationalsozialisten in den zwölf Jahren zwischen 1933 und 1945 verübten Greueltaten und Verbrechen darf man nicht vergessen, dass es auch Beispiele für heroischen Widerstand gegen das faschistische Regime gab. Der Widerstand formierte sich allerdings nicht in Form einer einheitlichen Oppositionsbewegung, sondern reichte eher von spontanen Handlungen Einzelner zu Aktionen mehr oder weniger geschlossener Gruppen, die teils über Jahre hinweg sorgsam vorbereitet wurden. Beim so genannten Solf-Kreis handelte es sich zum Beispiel um

einen losen Zusammenschluss regimekritischer Intellektueller, die sich in der Berliner Wohnung von Hanna Solf zu regelmäßigen Treffen und Gesprächen zusammenfanden und humanitäre Ideale verfochten, ohne im strengen Wortsinne aktiven Widerstand zu leisten. Die Gestapo verhaftete 1943 die meisten Mitglieder des Kreises; viele von ihnen wurden hingerichtet oder starben bereits unter der Folter. Hanna Solf überlebte sowohl die Folter als auch die Haft im Konzentrationslager und sagte später beim Nürnberger Hauptkriegsverbrecherprozess als Zeugin der Anklage aus.

Bei der „Weißen Rose" wiederum handelte es sich um eine Widerstandsgruppe, die 1942 im Kreis der Münchener Universität entstanden war und mittels wiederholter Flugblattaktionen zum Widerstand gegen die Nationalsozialisten aufrief. Die Mitglieder der „Weißen Rose" – allen voran die Geschwister Hans und Sophie Scholl – wurden ebenfalls von der Gestapo verhaftet und hingerichtet.

Auch in den Kreisen des Militärs gab es Bedenken und Einwände gegen Hitlers Kriegspläne, die freilich meist vom Befehlsdenken und dem Führerkult um Hitler beschwichtigt wurden. Als sich der Kriegsverlauf 1944 zugunsten der Alliierten wendete und die militärische Lage Deutschlands zunehmend aussichtslos wurde, suchte eine Reihe ranghoher deutscher Offiziere, die alle die Überzeugung teilten, dass Hitlers aggressive und unberechenbare Kriegsführung den sicheren Untergang Deutschlands bedeuten musste, nach Mitteln und Wegen, das Hitlerregime zu stürzen und den Krieg zu beenden. Deshalb beschlossen sie, ein Attentat auf Hitler zu verüben, das den Auftakt zu einem Staatsstreich – der unter dem Decknamen „Walküre" geführt wurde – bilden sollte. Nachdem bereits mehrere Anschläge auf Hitler verschoben hatten werden müssen, übernahm es Oberst Claus Graf Schenk von Stauffenberg, der als Stabschef des Allgemeinen Heeresamtes in der Bendlerstraße Zugang zu den Lagebesprechungen in den Führerhauptquartieren hatte, das Attentat am 20. Juli 1944 auszuführen. Tatsächlich gelang es Stauffenberg, bei einem Treffen im Führerhauptquartier Wolfsschanze eine Bombe zur Explosion zu bringen, die er in seiner Aktentasche versteckt hatte. Von den vierundzwanzig Anwesenden überlebten neunzehn das Attentat, darunter unglücklicherweise auch Hitler, der lediglich leichte Verletzungen davontrug. Der Staatsstreich, der bereits anlief, wurde im Keim erstickt, die Hauptverschwörer wurden noch am Abend desselben Tages verhaftet und wegen Hochverrats hingerichtet. Stauffenberg wurde im Hof des Bendlerblocks, dem Sitz des Kriegsministeriums, erschossen. Augenzeugenberichten zufolge lauteten seine letzten Worte, bevor ihn die tödlichen Schüsse trafen: „Es lebe das heilige Deutschland."

Nachdem Stauffenberg und seine Komplizen in Deutschland und selbst im Ausland zunächst primär als Verräter angesehen wurden, gelten die „Verschwörer des 20. Juli" längst als Helden und als leuchtendes Beispiel für den deutschen Widerstand gegen das Naziregime. Stauffenberg hat posthum eine Reihe von Ehrungen erfahren, zahlreiche Straßen und Plätze in Deutschland tragen mittlerweile seinen Namen, nicht zuletzt auch die Bendlerstraße in Berlin vor dem Bendlerblock, wo Stauffenberg noch in der Nacht des missglückten Anschlags im Hof hingerichtet wurde.

Abbildung 58: Claus von Stauffenberg (ganz links) mit Adolf Hitler.

Die schwierige Aufgabe der Simultanübersetzung
Als die Vorbereitungen für das Hauptverfahren bereits in vollem Gange waren, galt es in sprachlicher Hinsicht eine ebenso wichtige wie knifflige Hürde zu meistern: Wie sollten wir nur den Prozessverlauf und die ins Verfahren eingebrachten Beweisdokumente den Richtern, Anklägern, Angeklagten sowie der Verteidigung im Gerichtssaal verständlich machen und darüber hinaus auf die über die ganze Welt verteilte Zuhörerschaft ausdehnen, die den Prozess in den Berichten der internationalen Presse verfolgte? Bisher waren auf internationaler Ebene anberaumte Konferenzen vornehmlich auf diplomatische Themen ausgerichtet gewesen und fanden unter der Voraussetzung statt, dass alle Protagonisten zumindest Französisch oder aber Englisch sprechen und verstehen würden. Ganz anders verhielt es sich in Nürnberg. Hier war es unumgänglich, jedes einzelne gesprochene Wort in gleich vier Sprachen zu übersetzen: ins Englische, Deutsche, Russische und Französische. Die naheliegende Überlegung, dass man jedes einzelne Schriftstück, jede einzelne Frage und Antwort der Reihe nach durch Dolmetscher in jede dieser vier Sprachen übersetzen ließ, konnte unmöglich in Betracht gezogen werden, da dieses Vorgehen den Prozess unerträglich ausgedehnt und ganz allgemein verkompliziert hätte. Darüber hinaus konn-

te weder von der Anklagebehörde noch von der deutschen Verteidigung oder auch der Richterschaft aus vier Nationen erwartet werden, dass sie die komplexen rechtlichen wie zeitgeschichtlichen Sachverhalte in einer anderen als ihrer Muttersprache bewältigen könnten. Hinzu kam, dass die Nürnberger Prozesse das erste große Medienereignis nach dem Ende des Zweiten Weltkrieges und somit von epochaler Tragweite waren. Natürlich wollten deshalb auch die Vertreter der Presse und der Rundfunkstationen an Ort und Stelle richtig verstehen, um ohne jede zeitliche Verzögerung darüber berichten zu können. Die vertrackte Frage, wie man diesem Problem erfolgreich begegnen könnte, gab den Anschub zur Einführung jenes Verfahrens des Simultandolmetschens, das heutzutage in aller Welt Verwendung findet und allgemein bekannt ist – dagegen ist alles andere als geläufig, dass unser Übersetzerteam bei den Nürnberger Prozessen die Pionierarbeit der Entwicklung und praktischen Erprobung dieses neuen Vorgehens geleistet hat.

Als wir uns dieser Herausforderung stellen mussten, gab es keinerlei Erfahrungen, auf die wir hätten zurückgreifen können – somit mussten wir uns alle notwendigen Fertigkeiten erst einmal selbst aneignen. Ohne dass wir uns auf eine bewährte Praxis oder methodologisch gesichertes Wissen stützen konnten, wurde die kurzfristige Ausarbeitung eines Verfahrens der Simultanverdolmetschung in gleich vier Sprachen zu unserer vordringlichsten Aufgabe. Hierfür wurden Dolmetscher benötigt, die sowohl sprachlich als auch psychisch in der Lage waren, diese anspruchsvollen Aufgabe zu meistern. Damit noch nicht genug: Zudem galt es, die technische Anlage zu planen und einzurichten, die man für die Funkübertragung unserer Übersetzungen in die Kopfhörer sämtlicher vor Gericht vertretenen Parteien benötigte.

Bei den Verhandlungen vor Gericht wurden immer insgesamt zwölf Dolmetscher gebraucht, aufgeteilt in vier Teams zu je drei Personen. Jedes Teammitglied saß vor einem der vier Übersetzungsmikrophone, die in jeder einzelnen der vier mit Glasscheiben voneinander abgetrennten Kabinen angebracht waren. Der englische Sprachkanal brauchte einen Dolmetscher für die Übersetzung vom Deutschen ins Englische, einen zweiten für die Übersetzung vom Französischen ins Englische und einen dritten für die Übersetzung vom Russischen ins Englische. Nach demselben Muster verfuhren wir bei den drei verbleibenden Übersetzungskanälen, sodass beispielsweise die russische Übersetzerkabine mit drei Dolmetschern bestückt war, die aus dem Deutschen ins Russische, aus dem Englischen ins Russische bzw. aus dem Französischen ins Russische übersetzten. Jeder der im Gerichtssaal Anwesenden – die acht Mitglieder des Gerichts, die Vertreter der Anklage sowie die der Verteidigung, desgleichen die Angeklagten und ebenso die Zuhörer – trug einen Kopfhörer und hatte einen Drehschalter an seinem Sitz, der es einem ermöglichte, jede der vier Sprachen zuzuschalten, die man gerade hören wollte. Egal, welchen Kanal man wählte, jede soeben im Gerichtssaal ertönende Originalsprache wurde darin wortgetreu wiedergegeben. Die hierfür eingesetzte Technik – bestehend aus Geräten, die nach heutigen Maßstäben primitiv erscheinen müssen –, wurde dem Gericht von der Firma IBM zur Verfügung gestellt. Kurz nach dem Beginn des Hauptprozesses hörte einer von uns zufällig, wie Hermann Göring folgenden Satz sagte: „Dieses Verfahren ist wirklich sehr effizient, nur wird es leider auch mein Leben verkürzen!"

Abbildung 59: Jede der vier Signatarmächte entsandte einen Richter plus Stellvertreter ans Internationale Militärtribunal. In der obersten Reihe sitzen von rechts nach links: Stellv. Richter Oberstleutnant Alexander Volchkov, Richter (und Generalmajor) Iona Nikischenko, beide UdSSR, daneben Stellv. Richter Sir Norman Birkett und Vorsitzender Richter Sir Geoffrey Lawrence für Großbritannien. Nicht zu sehen, aber rechts davon sitzen Hauptrichter Francis Biddle und Stellv. Richter John J. Parker für die USA sowie Oberster Richter Henri Donnedieu de Vabres und Stellv. Richter Robert Falco für Frankreich.
Ich sitze in der mittleren Reihe als zweiter von rechts im roten Kreis, hier in meiner Rolle als Unterstützer der Gerichtsstenographen, denen ich bei der Klärung deutscher Begriffe half.

Von Anfang an war allen Beteiligten klar, dass die Aussage vor Gericht weder von den individuellen Eigenarten des Dolmetschers noch vom Klang seiner Stimme beeinträchtigt werden durfte. Unser Ziel war es idealerweise, dass der Zuhörer von der Übersetzung an sich möglichst wenig mitbekam und die Stimme im Kopfhörer zunächst einmal für die des tatsächlichen Sprechers halten sollte. Trotzdem ergaben sich einige bemerkenswerte Unterschiede aus der typischen Art und Weise, wie einzelne Dolmetscher zumindest in der Frühphase der Verhandlungen ihrer Tätigkeit nachgingen. Beispielsweise befand sich unter uns ein stets betont lakonisch übersetzender Dolmetscher, der ellenlange Sätze stets mit der kürzestmöglichen Übersetzung wiederzugeben pflegte, sodass sich die Zuhörer manchmal eben doch fragten, was sie wohl gerade verpasst haben mochten. Gelegentlich kam es durchaus vor, dass ein Dolmetscher plötzlich nicht mehr weiter übersetzen konnte – sei es wegen einer technischen Übersetzungsschwierigkeit oder aber infolge einer Art innerer Erstarrung, in der er angesichts des Inhalts der soeben gehörten Aussage für kurze Zeit verharrte. In einem solchen Falle griff sofort die Regie ein, die den gesamten Verlauf des Prozesses auf einem Platz unmittelbar neben den Dolmetscherkabinen verfolgte. Sie löste dann ein Lichtsignal aus, woraufhin die Sitzung kurzfristig unterbrochen wurde, was es dem ins Stocken geratenen Dolmetscher erlaubte, sich wieder neu zu ordnen. Entsprechend den Ampeln im Straßenverkehr entwickelten wir ein Ordnungssystem aus orangefarbenen und roten Lämpchen, die von der Regie zum Leuchten gebracht wurden und dem in diesem Moment im Gerichtssaal Sprechenden signalisierten, dass ein Problem aufgetreten war. Leuchtete das orangefarbene Licht auf, war dies der Hinweis, langsamer und vor allem nicht gleichzeitig mit jemand anderem zu reden. Das rote Licht, mit dem allerdings nur sehr sparsam umgegangen wurde, gab dem Vorsitzenden Richter ein Zeichen, den Prozess sofort für kurze Zeit zu stoppen.
Als Teil des Auswahlverfahrens zur Einstellung neuer Mitarbeiter führten wir eine Art von Scheinprozessen durch, die es uns gestatteten, aus der simulierten Praxis heraus zu beurteilen, ob ein Bewerber imstande war, ohne zeitliches Hintanbleiben auf einen sprachlichen Reiz zu antworten. Dabei stellten wir immer wieder fest, dass gerade ausgebildete Philologen und Sprachwissenschaftler mit erstklassiger akademischer Bildung und reichlich beruflicher Erfahrung oftmals nicht in der Lage waren, augenblicklich oder aber unter Druck auf das soeben Gehörte zu reagieren. Damit waren sie der Herausforderung des Simultandolmetschens nicht gewachsen. In aller Regel verfügten die Übersetzer, die nach Nürnberg kamen und sich als geeignete Kandidaten fürs Simultandolmetschen erwiesen, ein gänzlich an-

deres Eignungsprofil: Sie hatten für gewöhnlich einen Aufenthalt von beträchtlicher Länge in dem Land hinter sich, aus oder in dessen Sprache sie übersetzen mussten. Auch mir, der ich vor dem Mikrophon des englischsprachigen Kanals saß und vom Deutschen ins Englische übersetzte, hatten einzig und allein die Jahre meiner deutschsprachig verbrachten Erziehung, Kindheit und Jugend nebst der sich in England daran anschließenden weiterführenden Schulzeit mitsamt tagtäglicher Arbeitserfahrung zur Zweisprachigkeit verholfen. Da ich mein Leben zuletzt in England zugebracht hatte, war es mir jedoch am liebsten, wenn ich vor dem für die englische Sprache vorgesehenen Mikrophon der Übersetzerkabine saß und ins Englische übersetzen konnte.

Die Übersetzungstätigkeit vor Gericht verlangte jedem von uns absolute Konzentration ab. Man musste ja die eigene Übersetzung in völlige Übereinstimmung mit dem Sprachfluss des Redners bringen und durfte ihn (oder sie) daher keinen Moment lang aus den Augen lassen. Nur so nämlich ließ sich echte Gleichzeitigkeit erreichen. Man geriet bei dieser Arbeit regelmäßig fast in so etwas wie einen Trancezustand. Oft sah ich mich, wenn ich während einer Verhandlungspause gefragt wurde, was denn soeben im Gerichtsaal vor sich gegangen sei, außerstande, eine Antwort auf diese Frage zu geben, obwohl ich doch die ganze Zeit übersetzt hatte.

Bei der Simultanübersetzung vom Deutschen ins Englische stellte uns im Besonderen eine Eigenart des deutschen Satzbaus vor ein kniffliges Problem, für das wir eine Lösung finden mussten: im Deutschen pflegt man das Hauptverb meist ans Ende eines der Nebensätze zu stellen. Je länger und je komplizierter also der deutsche Satz und umso gebildeter der Redner, desto weiter rückt das Verb im Deutschen nach hinten. Im Englischen dagegen ist es genau umgekehrt: Hier muss das Verb unmittelbar auf das zugehörige Substantiv folgen, denn erst das Verb gibt dem ganzen Satz seine Struktur und transportiert seine Bedeutung.

Diese sprachlichen Unterschiede stellten den Deutsch-Englisch-Simultandolmetscher vor eine Zwickmühle: Wollte er erst dann mit der Übersetzung beginnen, nachdem das Verb gefallen war, wäre der deutsche Sprecher währenddessen in seiner Aussage fortgefahren; unweigerlich müsste die Übersetzung drastisch hinter dessen Redefluss zurückfallen. Dieses Verfahren war damit von vornherein zum Scheitern verurteilt. Nahm man umgekehrt das Verb vorweg, bevor man es tatsächlich gehört hatte, konnte dies andererseits – und insbesondere in einem Prozess, bei dem es um Leben und Tod ging – für den Zeugen oder aber Angeklagten höchst problematische Folgen haben und sich so unter Umständen äußerst nachteilig auswirken. Ich umging dieses Dilemma zuletzt dadurch, dass ich aus den dem deutschen Verb vorangestellten Adverbialsätzen jeweils kurze, für sich stehende und damit zunächst unverbindlich bleibende Satzfragmente bildete, was es mir leicht machte, mit dem Sprecher Schritt zu halten. Wurde das Verb dann schließlich genannt, fasste ich rasch noch einmal alles vorher Genannte zu einem Sinnganzen zusammen. Diese Vorgehensweise mag sich kompliziert anhören, aber in der tatsächlichen Anwendung stellte sie sich als recht gut handhabbar heraus.

Insbesondere wenn es um Deportationen, um die Konzentrationslager und um den Holocaust ging, ließen die als Beweismittel in den Prozess eingebrachten Schriftstücke vielfach eine ganz bewusst eingesetzte Zweideutigkeit in der Verwendung des Deutschen erkennen, weil dadurch ihre verbrecherischen Absichten verdeckt wurden. Wir bezeichneten diesen doppelzüngigen Sprachgebrauch daher gelegentlich als „Nazideutsch". Victor Klemperer brachte diese vorsätzliche Zweideutigkeit mit ihren verhängnisvollen Folgen für das Alltagsbewusstsein unter dem Kürzel LTI, *Lingua Tertii Imperii* für die perfide Sprache des Dritten Reichs auf den Begriff. Ein bekanntes Beispiel für diese Doppelzüngigkeit ist der Ausdruck „Endlösung" – als an sich harmlos-unverfänglich klingender Begriff trug er in den Verlautbarungen der Nazis eine denkbar fatale Bedeutung in sich, da in dieser irreführenden Wendung die systematische Vernichtung und Ausrottung der jüdischen Bevölkerung zum vermeintlich legitimen, weil technischen Mittel der „Lösung" des Judenproblems verharmlost wurde.

Einmal wurde die Richtigkeit meiner Übersetzung von der Anklageverteidigung bestritten, als ich im Zusammenhang mit der Formulierung, dass bestimmte Bevölkerungsteile von deutschen Befehlen „erfasst" wurden, den deutschen Ausdruck „erfassen" mit dem englischen Verb „to seize" wiederzugeben suchte. Laut Einwand der Verteidigung hätte der Ausdruck „erfasst" nicht mit „seized", sondern statt dessen mit „registered" wiedergegeben werden müssen. Tatsächlich sind beide Übersetzungen dieses Verbs möglich. Dass meine Wahl auf „seized" und damit den Sinnkomplex polizeilicher Ergreifung und Festnahme fiel, ergab sich aus dem dieser Formulierung vorangehenden Sinnzusammenhang. Dies war nur ein weiteres Beispiel für die vielen in den Schriftstücken der Nazijahre ganz bewusst zur Vermeidung einer verfänglichen Eindeutigkeit eingesetzten Doppeldeutigkeiten. Da ich bei diesem Einspruch der Verteidigung ja als Dolmetscher tätig war, fand ich mich in der seltsamen Lage, dass ich zunächst den Einwand gegen meine eigene Übersetzung und dann die sich daraus ergebende Auseinandersetzung zwischen der Anklage und der Verteidigung über die eigentliche Bedeutung dieses Begriffes übersetzen musste. Der Vorsitzende Richter entschied die Angelegenheit zuletzt auf eine für diesen Berufsstand typische Art und Weise, indem er darauf verwies, dass sich die korrekte Auslegung dieser Textstelle unter Einbeziehung des Gesamtzusammenhangs ganz von selbst ergebe.

Eine andere Art von Herausforderung wartete auf uns Dolmetscher im Unterschied zwischen der Übersetzung spontaner, mündlicher Rede und vorgelesener Schriftsätze. Um eine brauchbare sowie fehlerfreie Übersetzung bieten zu können, war es unumgänglich, dass alle Schriftsätze, aus denen Anklage, Verteidigung oder Zeugen soeben vorlasen, auch den Dolmetschern vorlagen. Hätten wir diese Schriftsätze nicht vor unseren Augen gehabt, wäre ihre korrekte Übersetzung im Gerichtssaal äußerst schwierig gewesen. In Anbetracht des grundlegenden Unterschiedes zwischen einer mündlich vorgetragenen im Gegensatz zu einer aus einem Schriftstück abgelesenen Äußerung handelte es sich hier um eine wichtige Forderung, auf die wir bestehen mussten.

Das Dolmetschen der Verhandlungen war jedoch nur eine Seite der Medaille. Die Kehrseite war die zwingende Erfordernis, das in allen vier Arbeitssprachen verfasste Gerichtsprotokoll so schnell wie möglich verfügbar zu haben, um es den Richtern sowie den Vertretern von Anklage und Verteidigung zugänglich zu machen. Zu diesem Zweck zeichnete man zunächst die Originalaussagen als Audiospur auf Magnetdrahtspeicher auf, in einer Technik, der später die Einführung des Magnetbandes folgte. Parallel dazu schrieben Gerichtsstenographen für Deutsch, Englisch, Französisch und Russisch die jeweilige Übersetzung exakt so nieder, wie sie in den Kopfhörern des entsprechenden Übersetzungskanals erklang. Die Stenographen wurden im Gerichtssaal im Turnus von jeweils nicht mehr als fünfzehn Minuten durchgewechselt, damit sie von den soeben gemachten Aussagen unverzüglich ihre Nachschrift anfertigen und den Dolmetschern zur Überprüfung und Überarbeitung zur Verfügung stellen konnten.

Jedes der aus insgesamt zwölf Personen bestehenden Dolmetscherteams pflegte jeden Tag normalerweise zwei Runden zu je neunzig Minuten in der Sprecherkabine zu arbeiten. Unverzüglich nach dem Verlassen des Gerichtssaals verglich der Dolmetscher seine Übertragung, so wie sie von dem Gerichtsstenographen transkribiert worden war, mit den Originalaufnahmen der Aussage und nahm dort Verbesserungen vor, wo es ihm notwendig erschien. Am Ende des Tages konnte daher allen am Prozess Beteiligten – den Vertretern von Anklage und Verteidigung ebenso wie dem Gericht – das Gerichtsprotokoll in allen vier Sprachen des Tribunals vorgelegt werden. Dank dieses Überprüfungsverfahrens konnten mögliche Irrtümer und Missverständnisse im Gerichtsprotokoll sowie jede fehlerhafte Übersetzung mit möglicherweise weitreichenden Folgen sowohl für die Beklagten als auch den Ausgang des Prozesses insgesamt verhindert werden.

Wir Nürnberger Dolmetscher waren eine bunte Truppe hinsichtlich nationaler Herkunft, sprachlicher Ausbildung und beruflichem Werdegang; wir sprechen von sehr unterschiedlichen Personen aus den unterschiedlichsten Teilen der Welt. Angefangen mit jungen Menschen um die Anfang zwanzig – zu denen ich zählte – bis hin zu älteren Personen wie etwa Universitätsdozenten, Militärs oder professionellen Konferenzdolmetschern war jede Altersstufe in diesem gemischten Häufchen vertreten. Zum Team zählten auch einige Deutsche, die am deutschsprachigen Mikrophon saßen und aus einer der Arbeitssprachen ins Deutsche übersetzten. Viele von ihnen waren in früheren Jahren beruflich im Ausland tätig und besaßen daher die nötige Sprachkompetenz.

Ausgetüftelt hatte unser Konzept der Simultanverdolmetschung Leon Dostert, ein Oberst der US Army, der in Frankreich groß geworden war, später an der Georgetown University Französisch gelehrt und während des Krieges General Eisenhower als Dolmetscher gedient hatte, bevor man ihn nach Nürnberg abkommandierte, damit er dort die Leitung der gesamten Sprachabteilung übernahm. Er war es auch, der das Auswahlverfahren der Dolmetscher überwachte und für die „Bestallung" des gesamten Übersetzerstabes zuständig zeichnete.

Da ich dem Nürnberger Übersetzerstab von 1945 bis zum Jahre 1949 angehörte – somit vom ersten Hauptprozess vor dem Internationalen Militärgerichtshof bis durch sämtliche Nachfolgeprozesse hindurch –, war ich zuletzt einer der Übersetzer mit der längsten Beschäftigungsdauer. Für die letzten zwei Jahre der Nürnberger Nachfolgeprozesse, also von 1947 bis 1949, wurde ich daher zum Chef der Dolmetscherabteilung ernannt. Als Leiter der Abteilung war ich weiter im Gerichtsaal als Simultandolmetscher tätig, hatte aber die zusätzliche Verantwortung, den Arbeitsplan der Dolmetscherteams in den nachfolgenden Prozessen festzulegen und gelegentlich nach Bedarf einzelne Dolmetscher auszuwechseln.

War man Simultandolmetscher beim Kriegsverbrechertribunal in Nürnberg, gestaltete sich die Arbeit ebenso faszinierend wie anspruchsvoll, vor allem aber auch äußerst anstrengend. Wir waren insgesamt so sehr von unserer Übersetzer- und Dolmetschertätigkeit in Anspruch genommen, dass wir uns meist nur schwer auf das inhaltliche Geschehen während der Prozesse konzentrieren konnten. Oftmals war ich, wie bereits erwähnt, unfähig zu antworten, wenn ich gerade aus einer dramatischen Verhandlung kam und man mich außerhalb des Gerichtssaals fragte, was soeben zur Sprache gekommen sei. Das war in der Tat merkwürdig, da ich ja die meiste Zeit vor dem Mikrophon saß und alles Gesprochene übersetzt hatte. Erst viel später, als genug Zeit für eine distanziertere Betrachtung der Geschehnisse verstrichen war, begriff ich den Kern und die Bedeutung der Nürnberger Prozesse.

Seit dem Ende der Verhandlungen habe ich sowohl in den Vereinigten Staaten als auch in anderen Ländern einige Aufsätze über die sprachlichen sowie technischen Aspekte des Simultandolmetschens sowie über die Vorreiterrolle, die die in Nürnberg tätigen Übersetzer inne hatten, veröffentlicht und Vorträge zu diesem Thema gehalten. Die Methode, die erstmals beim Internationalen Kriegsverbrechertribunal zum Einsatz kam, wird heute völlig selbstverständlich von den Vereinten Nationen und bei den meisten internationalen Konferenzen verwendet; ihre Prinzipien und Abläufe werden auf Universitäten und Dolmetscherschulen in vielen Teilen der Welt gelehrt. Die so bahnbrechende wie erfolgreiche Ausarbeitung eines praxistauglichen Verfahrens der simultanen Verdolmetschung in gleich mehrere Sprachen auf einmal jedenfalls ist und bleibt eines der folgenreichen Vermächtnisse der Nürnberger Prozesse, an denen ich aktiv teilhaben durfte.

Abbildung 60: Der Schwurgerichtssaal 600 als zentraler Schauplatz des Tribunals war grundlegend umgebaut worden. Oben links im Bild sieht man die Kabinen der Dolmetscher. Ich befinde mich hinter der Glasscheibe am dritten Mikrophon von links, siehe roter Kreis.

Abbildung 61: In der Kabine der Dolmetscher (Vergrößerung des vorhergehenden Fotos).

Abbildung 62: Ich neben den ehemaligen Anklägern Telford Taylor und Drexel Sprecher bei einem Treffen von Mitarbeitern des Nürnberger Militärtribunals in Washington D.C. Beide Männer sollten zu zentralen Figuren bei den Nachfolgeprozessen werden.

Die Angeklagten
Hermann Göring
Göring war der wichtigste Angeklagte und die dominante Figur auf der Anklagebank – nicht zuletzt deshalb, da er als Symbol des Naziregimes im Saal saß. Die Gefängniskost und die strenge Disziplin der Haftzeit schienen seiner Gesundheit gut getan zu haben, zumal ihn die Ärzte von seiner Morphiumsucht geheilt hatten. Er wurde merklich schlanker und war geistig hellwach, wie sein Auftreten beim Kreuzverhör durch den Chefankläger Robert Jackson zeigte, dem er nachdrücklich die Stirn bot, indem er dessen Fragen in ausgedehnten Abschweifungen auswich und das Kreuzverhör in seinem Sinne zu manipulieren versuchte. Jacksons Verärgerung wuchs, als es offensichtlich wurde, dass Göring, wie es nur zu verständlich war, mit

den Details und Hintergründen der Politik Nazideutschlands weit besser vertraut war als der Chefankläger des Tribunals, wodurch er dessen eindringlichen Fragen mehrfach die Spitze nahm. Ich erinnere mich insbesondere an einen Fehltritt Jacksons, der im Kreuzverhör irrtümlich von der „Freimachung des Rheinlandes"[9] sprach, als es in Wahrheit um die Räumung militärischer Einrichtungen am Rhein ging.

Als Jackson zuletzt das Gericht ersuchte, es möge Göring anweisen, auf seine Fragen nur noch mit „Ja" oder „Nein" zu antworten, entschied Lord Justice Lawrence, dass Göring das Recht auf ausführliche Einlassungen zustehe. Im weiteren Verlauf des Kreuzverhörs verlor Chefankläger Jackson endgültig die Geduld und hielt Göring in aller Schärfe vor, er missbrauche seine langwierigen Ausführungen zur Verbreitung von Nazipropaganda und wolle sich nur in ein günstiges Licht rücken.

Vom ersten Tag des Prozesses an versuchte Göring, die Strategie der Mitangeklagten in eine bestimmte Richtung zu lenken, indem er Zettel mit Mitteilungen an die einzelnen Verteidiger weiterreichen ließ, was sie als Thema vorbringen oder als Fragen stellen und wen sie als Zeugen aufrufen sollten. Diese Manipulationsversuche wurden für das Gericht zunehmend zum Ärgernis – zuletzt wurde Göring belehrt, er dürfe seine Zettel ab sofort nur noch an seine eigenen Strafverteidiger weitergeben und zwar ausschließlich, so weit es um seine eigene Verteidigung ginge.

Es gehörte zu meinen Aufgaben als Dolmetscher, Görings während der Verhandlungen geschriebene Mitteilungen an die Verteidigung zu lesen und sicherzustellen, dass sich ihr Inhalt auch tatsächlich auf Görings eigene Belange bezog. Göring setzte alles daran, dass das auf der Anklagebank sitzende NS-Führungspersonal als geschlossene Einheit auftrat. Es gelang ihm jedoch nie, dazu waren die Angeklagten zu verschieden; außerdem gab es erhebliche Unterschiede, was den Bezug jedes Einzelnen von ihnen zu Hitler anging. Leute wie Hjalmar Schacht, ehemals Chef der Reichsbank, oder der Diplomat Konstantin Freiherr von Neurath hätten sich nie dazu herabgelassen, auch nur ein einziges Wort mit ihrem Mitangeklagten Julius Streicher, Gauleiter Frankens und Herausgeber des antisemitischen Hetzblattes „Der Stürmer", oder dem SD-Führer Ernst Kaltenbrunner zu wechseln.

Görings Eitelkeit war während des gesamten Verlaufs des Prozesses unverkennbar. Sobald sein Hang zum Luxus und zum Raub wertvoller Kunstwerke in den besetzten Ländern zur Sprache kam, geriet er sichtlich in Zorn

---

[9] So dieser Wortwechsel laut der Zitate Theodoros Radisoglous aus den Gerichtsprotokollen. In: H. Kalverkämper / L. Schippel (Hg.): Simultandolmetschen in Erstbewährung: Der Nürnberger Prozess 1945. Berlin 2008.

– und zwar weitaus heftiger, als wenn es bei seinen Aussagen im Zeugenstand um Themengebiete wie etwa seine Beteiligung am Angriffskrieg oder an Kriegsverbrechen ging. Zuletzt entzog sich der Ex-Reichsmarschall dem Tod am Strick durch Einnahme einer Zyanidkapsel, die ein Unbekannter kurz vor seiner Hinrichtung in seine Zelle geschmuggelt haben musste; möglicherweise geschah dies durch einen amerikanischen Wachoffizier, mit dem Göring sich angefreundet hatte. Ich weiß noch gut, dass Göring gerne mit herablassendem Lächeln in der ersten Reihe der Anklagebank saß – vielleicht wusste er bereits, dass er dem Henker zuletzt doch noch ein Schnippchen schlagen würde.

Abbildung 63 (links): Der Nazi-Grande Hermann Göring in der Uniform des Reichsmarschalls.
Abbildung 64 (rechts): Hermann Göring, ehemals Reichsmarschall, jetzt gewöhnlicher Untersuchungshäftling beim Lesen in seiner Zelle. Das wacklige Tischchen neben dem Bett war eigens so instabil gebaut, um Selbstmord durch Erhängen zu verhindern. Doch zuletzt entging Göring dem Henker, indem er wenige Stunden vor seiner Hinrichtung eine Zyanidkapsel schluckte.

Albert Speer
Der Angeklagte Albert Speer war vielleicht der intelligenteste Kopf in Hitlers Gefolgschaft. Wie Speers Autobiographie, eine selbstgerechte Rückschau, zeigt, verfiel er bereits als junger Architekt der magischen Aura, die Hitler umwehte – dass der Diktator ihm die Planung der grandiosen, an Größenwahn grenzenden Prunkbauten des neuen Reiches in Deutschland

anvertraute, schmeichelte Speer sehr. Die Arbeit an Hitlers Großbauten in Nürnberg, Linz und Berlin führte Speer 1942 ins Amt des Rüstungsministers, weswegen er in Nürnberg für den Einsatz von Zwangsarbeitern und KZ-Insassen sowie weiterer mit Sklavenarbeit verknüpfter Verbrechen auf der Anklagebank saß.

Zu Speers Entlastung muss gesagt werden, dass er sich 1945 an einem gescheiterten Attentat auf Hitler beteiligte und sich der „Politik der verbrannten Erde" widersetzte, die Hitler nach dem Vormarsch der alliierten Truppen befohlen hatte. Speer sorgte dafür, dass weite Teile der Infrastruktur erhalten blieben, was den Wiederaufbau des Landes nach Kriegsende spürbar erleichterte. Auch wenn Speer für den Einsatz von Zwangsarbeitern verantwortlich zeichnete, bewahrten ihn seine hitlerkritische Haltung in der Spätphase des NS-Regimes sowie seine freimütigen Aussagen im Zeugenstand beim Kriegsverbrecherprozess vor dem Todesurteil, das zu zwanzig Jahren Haft abgemildert wurde. Als ich nach der Urteilsverkündung mit ihm sprach, erkannte Speer seine Schuld vorbehaltlos an und bekräftigte, dass er das Nürnberger Tribunal für einen wichtigen und richtigen Schritt in eine neue Zukunft Deutschlands hielt. Vor dem Gericht machte Speer einen offenen, vielleicht sogar einen sympathischen Eindruck im Gegensatz zu den anderen Angeklagten.

Abbildung 65: Albert Speer, wichtigster Architekt Hitlers und später Reichsminister für Bewaffnung und Munition, entwarf die Arenen für die dramatischen Aufmärsche der NSDAP. Speer, der äußerst effizient arbeitete, steigerte sogar noch inmitten massivster Bombardements der Alliierten die Kriegsproduktion Nazideutschlands. Auch wenn er beim Nürnberger Prozess vorgab, nichts von den Todeslagern gewusst zu haben, requirierte er zur Erreichung der gesteckten Produktionsziele Sklavenarbeiter aus den Konzentrationslagern. Speers Organisationstalent mag den Krieg um ein volles Jahr verlängert haben.

Rudolf Heß
Denke ich an die Phase der Vorermittlungen zurück, kommt mir sofort Rudolf Heß, der Stellvertreter des Führers, in den Sinn. Er zählte bereits in den zwanziger Jahren zu den Anhängern Hitlers in München und wurde zu dessen Privatsekretär und engstem Vertrauten. Nach der Machtergreifung ernannte Hitler Heß zu seinem Stellvertreter. Heß verehrte Hitler und war ein leidenschaftlicher Verfechter der Naziideologie. Als Student an der Münchener Universität wurde Heß zum Schützling Karl Haushofers, jenes Geographieprofessors und Geopolitikers, der den Begriff „Lebensraum" prägte; dieser Begriff war ein wichtiges Argument zur Rechtfertigung der Expansionspolitik der Nationalsozialisten, mit der man die vermeintliche Ungerechtigkeit des Versailler Vertrags wieder wettzumachen versuchte.
In den späteren Jahren des NS-Regimes wurde Heß, obwohl er immer noch zu Hitlers enger Gefolgschaft zählte, mehr und mehr „ausgebootet", als Leute wie Hermann Göring oder Heinrich Himmler an Macht und Einfluss gewannen.
1941 flog Heß ohne Wissen und Zustimmung Hitlers heimlich mit einem kleinen Flugzeug nach Schottland, nachdem die Führung Nazideutschlands beschlossen hatte, eine zweite Front gegen die Sowjetunion zu eröffnen. Heß verfolgte offenbar den bizarren Plan, Kontakt zu einigen Bekannten in England aufzunehmen und mit ihrer Vermittlung auf die englische Regierung einzuwirken, sie möge sich gemeinsam mit Deutschland gegen die Sowjetunion stellen. Denn wie er glaubte – und zwar zu Recht, wie sich zeigen sollte –, war es ein folgenreicher Fehler, dass das Deutsche Reich an zwei Fronten zugleich kämpfte. Heß blieb bis Kriegsende in England interniert und wurde von dort als mitangeklagter Hauptkriegsverbrecher nach Nürnberg überstellt. Als er dort ankam, berief er sich auf totalen Gedächtnisverlust – wie er sagte, hatte er alles vergessen, seine Ämter, sein Verhältnis zu Adolf Hitler, selbst seine Familie und sein Privatleben.
Ich war als Dolmetscher an den mit Heß durchgeführten Befragungen beteiligt und kann daher versuchen, einige erhellende Gedanken und Beobachtungen zu der Frage beizusteuern, warum der Angeklagte Heß sich so verhielt und ob er diesen Zustand vorspielte oder nicht. Die erste Reaktion der alliierten Anklagevertreter war naheliegenderweise, dass Heß diese Amnesie lediglich vorschützte, um sich der Anklage zu entziehen. Bei den Vernehmungen vor Prozessbeginn versuchte man daher, ihn mittels eines heilsamen Schocks dazu zu bewegen, sich wieder an seine Vergangenheit und seine Mitangeklagten zu erinnern. Zu dem Zweck lud die Anklage etliche enge Freunde und Familienmitglieder von Heß vor, die er seit seinem Abflug nach Schottland nicht mehr gesehen hatte. Im Anschluss sorgte man

dafür, dass sie jeweils einzeln und der Reihe nach das Vernehmungszimmer betraten, in dem Rudolf Heß saß. Dann harrte man der Dinge, die da kommen sollten. Die Vermutung war natürlich, dass Heß irgendeine unwillkürliche Reaktion zeigen würde.
Auch ich war im Vernehmungszimmer anwesend und saß ein wenig abseits in einer Ecke, wo ich einem Gerichtsstenographen dolmetschte, was gerade von der- oder demjenigen gesagt wurde, die oder der soeben das Zimmer betrat – und ebenso, was Heß daraufhin erwiderte. Einer der Bekannten von Heß, die man vorgeladen hatte, war Karl Haushofer, bekanntlich einst Mentor, doch längst ein guter Freund der Familie. Genau wie alle anderen lief Haushofer sofort auf Heß zu, umarmte ihn und rief: „Rudolf! Rudolf!" Doch auch dieses Mal wie jedes andere Mal trat der so Angesprochene verwundert einen Schritt zurück und sagte: „Ich würde ja gerne Ihre Begrüßung erwidern, aber ich kann mich nicht erinnern, dass ich Sie kenne."
Und wirklich sah man keinerlei Regung in seiner Miene oder Körperhaltung, die angezeigt hätte, dass Heß diese Personen vertraut waren oder nahe standen. Heß weigerte sich auch, mit einem der Vernehmungsbeamten oder der ihm zugeteilten deutschen Strafverteidiger zusammenzuarbeiten und deren Fragen zu beantworten. Je näher die Prozesseröffnung rückte, desto dringlicher bemühte sich die Anklagevertretung unter Einbeziehung der eigens nach Nürnberg geholten Psychiater, Heß auf dem Wege irgendeines Schockerlebnisses wieder zu seinem Erinnerungsvermögen zu verhelfen. Ich kann mich noch gut an einen Kurzfilm erinnern, in dem Reichsparteitage und sonstige Staatsempfänge gezeigt wurden, in denen Heß in Galauniform mit Orden und allen sonstigen Amtsinsignien gemeinsam mit Hitler, Göring und anderen Nazigrößen die Huldigung der Massen entgegennimmt. Heß wurde in den Kinosaal gebracht, in dem man alle Lichter abgedimmt hatte, sodass dort nur noch eine Lampe brannte, die sein Gesicht beleuchtete. Ich hatte Dienst als Dolmetscher und fragte Heß, ob er bereit sei, sich einen Film anzusehen. Er antwortete: „Wenn er interessant ist, schaue ich ihn mir gerne an." Kurz darauf erschien sein Gesicht in Nahaufnahme auf der Leinwand, wie er Hitler vor tobenden Massen begrüßte. War er zuvor absolut ungerührt geblieben, reagierte er diesmal heftig, spannte die Muskeln im Gesicht an und legte die Hände verkrampft um die Armlehne des Stuhls. Als das Licht wieder anging, fragte der Vernehmungsoffizier der USA, Colonel John Amen, Heß durch mich, ob er den Film kommentieren wolle. Heß gab folgende Antwort: „Ich war erstaunt, als ich meinen Namen hörte und mein Gesicht auf der Leinwand sah. Aber ich kann mir meine Gegenwart und Rolle bei den gezeigten Ereignissen nicht erklären."

Als Hermann Göring von Heß' angeblichem Gedächtnisverlust hörte, bat er um Erlaubnis, ihm gegenübergestellt zu werden. Man brachte ihn in das Vernehmungszimmer, in dem Heß wartete. Göring sprach ihn an und sagte: „Kennen Sie mich nicht? Hören Sie, Heß, ich war der Oberbefehlshaber der Luftwaffe und später Reichsmarschall. Wir waren über Jahre zusammen." Heß antwortete nur: „Das ist ja schrecklich. Ich erkenne Sie nicht. Der Arzt versichert mir, dass ich mein Gedächtnis wiedererlangen werde."
Ob die Amnesie nun vorgetäuscht war oder nicht, Heß landete als einer der Angeklagten auf der Anklagebank im Gerichtssaal und saß neben Göring in der ersten Reihe, als der Hauptprozess am 20. November 1945 begann. Medizinische Experten aus allen vier am Tribunal beteiligten Ländern zogen zuletzt den Schluss, dass man Heß zwar eine labile und psychotische Geistesverfassung zugestehen müsse, er aber keineswegs geisteskrank sei und man seinen Zustand wohl als eine Art hysterischer Amnesie bezeichnen könne. Eine Woche vor dem Beginn der Verhandlung vor Gericht reichten die Heß zugeteilten Verteidiger bei einer eigens anberaumten Anhörung den Antrag ein, dass Heß zwar dem Prozess folgen könne, er aber aufgrund seiner Amnesie außerstande sei, sich zu verteidigen. Das Gericht möge somit von der Fortführung des Strafverfahrens gegen ihn absehen. Am Ende dieser Sonderanhörung gab Heß auf die Aufforderung des Vorsitzenden Richters Lord Justice Lawrence folgende bemerkenswerte Stellungnahme zu Protokoll: „Ab nunmehr steht mein Gedächtnis auch nach außen hin wieder zur Verfügung. Die Gründe für das Vortäuschen von Gedächtnisverlust sind taktischer Art. Tatsächlich ist lediglich meine Konzentrationsfähigkeit etwas herabgesetzt. Dadurch wird jedoch meine Fähigkeit, der Verhandlung zu folgen, mich zu verteidigen, Fragen an Zeugen zu stellen oder selbst Fragen zu beantworten, nicht beeinflußt. Ich betone, dass ich die volle Verantwortung trage für alles, was ich getan, unterschrieben oder mitunterschrieben habe."[10]
Am Tag darauf verkündete Lord Justice Lawrence im Namen des Militärtribunals, dass der Angeklagte Heß sehr wohl imstande sei, den Verhandlungen zu folgen. Der Antrag der Verteidigung war damit abgelehnt. Im Laufe der folgenden Monate hatte ich genügend Gelegenheiten, Rudolf Heß im Schwurgerichtssaal zu beobachten. Es gab immer wieder Phasen, in denen er hellwach war und sich auch mit seinen Mitangeklagten austauschte, dann wieder folgten Zeiten, in denen er geistesabwesend schien: er saß mit entrücktem Blick in der Anklagebank, ohne die Kopfhörer zu

---

[10] Drexel A. Sprecher / Claiborne Pell: Inside the Nuremberg Trial. A Prosecutor's Comprehensive Account. Vol. 1&2. University Press of America. S. 140.

benutzen, außerdem schien er Magenkrämpfe zu haben, krümmte sich oft mit schmerzverzerrter Miene vornüber. Der Befund „phasenweise hysterische Amnesie", wie er vom Gerichtspsychiater Dr. Gustav Gilbert diagnostiziert worden war, mag wohl die beste Erklärung sein, die Verfassung von Rudolf Heß zu beschreiben; dies freilich unter dem Vorbehalt, dass die Psychiatrie alles andere als eine exakte Wissenschaft ist. Heß wurde zuletzt zu lebenslanger Haft verurteilt und saß bis zu seinem Tode im Spandauer Gefängnis in Berlin ein, das der Jurisdiktion aller vier Signatarmächte unterstand, die allmonatlich in der Zuständigkeit wechselten. Dort starb Heß 1987 im Alter von dreiundneunzig Jahren. Er beging Selbstmord, indem er sich mit Hilfe einer Verlängerungsschnur erhängte. Er war der letzte der vom Militärtribunal zu Haftstrafen verurteilten Nazi-Granden und seit 1966 der einzige Insasse des Spandauer Kriegsverbrechergefängnisses.

Abbildung 66: Rudolf Heß und Adolf Hitler beim dritten Parteitag der NSDAP 1927 in Nürnberg.

Martin Bormann – der fehlende Angeklagte
Das Internationale Militärtribunal verhandelte gegen 22 Hauptkriegsverbrecher – an sich hätten es 27 sein müssen.
Fünf von ihnen entzogen sich dem Prozess. Adolf Hitler beging in der Endphase des Krieges Selbstmord. Denselben „Ausweg" wählten der Propagandaminister Joseph Goebbels und der SS-Reichsführer Heinrich

Himmler. Gustav Krupp von Bohlen und Halbach, als Waffenproduzent einer der wichtigsten Industriellen des Regimes, wurde wegen seines schlechten Gesundheitszustands für verhandlungsunfähig erklärt. Robert Ley, der Chef der Arbeitsfront, wurde festgenommen und angeklagt, erhängte sich aber bereits im Oktober 1945 in seiner Zelle.

Martin Bormann jedoch blieb verschwunden; er war der einzige Angeklagte, gegen den *in absentia* verhandelt wurde – er wurde schuldig gesprochen und zum Tod durch Erhängen verurteilt. In Erinnerung bleibt Bormann als zwielichtige Gestalt, die als Art „graue Eminenz" das Räderwerk des Naziregimes am Laufen hielt. Er trägt entscheidenden Anteil an den verübten Kriegsverbrechen, wegen der das Tribunal einberufen wurde.

Am Ende des Krieges war Bormann die Nummer zwei in der gesamten Nazihierarchie. Er genoss das uneingeschränkte Vertrauen Hitlers. Nachdem Rudolf Heß nach Schottland gereist war, hatte er dessen Nachfolge angetreten und sich als treuester Vasall Hitlers bald unentbehrlich gemacht; an Machtfülle kam ihm kein anderer Naziführer mehr gleich.

Als Leiter der Parteikanzlei im Range eines Reichsministers und wichtigster Paladin Hitlers entschied er, wer zum Führer vorgelassen wurde und wer nicht; rückblickend kann man sagen, dass er starken Einfluss auf bedeutende politische Entscheidungen im Reich ausübte. Ihm unterstanden die Bereiche Sicherheit, Gesetzgebung, Terminvergabe und das Beförderungswesen. In den späten Phasen des Regimes hatte er vormalige Mitglieder des innersten Kreises um Hitler wie Göring, Goebbels und Himmler aus ihren machtvollen Positionen verdrängt. Auf Bormanns Drängen hin wurde Göring im Frühjahr 1945 verhaftet und entlassen, auch Himmlers Machtbefugnisse wurden entscheidend beschnitten. Im Bunker unter der Reichskanzlei unterzeichnete Bormann Hitlers privates Testament und war Augenzeuge des darauffolgenden Selbstmordes. Und schließlich war er es, der unmittelbar vor dem Zusammenbruch des Systems dem Großadmiral Karl Dönitz mitteilte, er sei zum Nachfolger des Führers ernannt worden.

Keiner der Nürnberger Angeklagten äußerte je auch nur ein einziges gutes Wort über Bormann. Diese Abneigung erklärte sich jedoch wohl zum Teil durch den Neid darüber, dass Bormann solch vertrauten Umgang mit Hitler pflegte. Albert Speer schrieb im Rückblick folgende Charakterisierung: „Selbst unter den vielen gewissenlosen Machtträgern stach er durch Brutalität und Gefühlsrohheit hervor; er verfügte über keinerlei Bildung, die ihm Schranken auferlegt hätte und setzte in jedem Fall durch, was Hitler befohlen hatte oder was er selber aus Andeutungen Hitlers herauslesen mochte."[11]

Noch eine Stellungnahme sei hier zitiert; sie stammt von Hans Fritzsche, ebenfalls als Hauptkriegsverbrecher angeklagt und einer von den drei Angeklagten, die vom Gericht freigesprochen wurden: „Ich kenne ihn als den Befürworter der brutalsten Maßnahmen, egal ob es um die Kriegsführung oder um private Angelegenheiten und Parteifragen ging. Weder bei Gericht noch im privaten Gespräch hörte ich jemals ein gutes Wort über diesen Mann, um dessen Wohlwollen man sich einst so eifrig bemühte."[12]

Dr. Friedrich Bergold, der Bormann zugeteilte Strafverteidiger, hatte eine undankbare Aufgabe: weder konnte er seinen Mandanten befragen noch hatte er einen Zeugen, der bereit gewesen wäre, zu Gunsten Bormanns auszusagen. Das komplette Beweismaterial bestand deshalb aus Martin Bormanns beglaubigter Unterschrift unter Anordnungen, die Vertreibung, Sklavenarbeit sowie die Ermordung von Juden und Slawen befahlen; an ihrer Aussagekraft war nicht zu rütteln.

Bormanns Schicksal nach der Flucht aus dem Bunker unter der Reichskanzlei bleibt bis heute ein Geheimnis. Erich Kempka, Hitlers Chauffeur, behauptete, Bormann sei beim Versuch der Überquerung der russischen Linien vom Geschoss einer Panzerfaust getroffen worden. Er selbst habe Bormanns Leiche mit eigenen Augen gesehen. Ein in Berlin erst 1972 bei Grabungen entdecktes Skelett wurde von Gerichtsmedizinern und Zahnärzten untersucht und Bormann zugeordnet, aber auch das blieb umstritten. Mehrere Quellen brachten vor, sie hätten Bormann 1946 in einem italienischen Kloster gesehen, gleiches wurde später aus Südamerika gemeldet.

Auch wenn das Los Bormanns mithin nicht restlos geklärt ist, wurde er 1973 von einem westdeutschen Gericht endgültig amtlich für tot erklärt und die Ermittlungsakte wurde geschlossen.

---

[11] Speer, Albert: Erinnerungen, Frankfurt a. M./ Berlin 1970. S. 101.
[12] Drexel A. Sprecher / Claiborne Pell: Inside the Nuremberg Trial. A Prosecutor's Comprehensive Account. Vol. 1&2. University Press of America. S. 1107.

Abbildung 67: Martin Bormann stand in der NS-Hierarchie zuletzt unmittelbar hinter Hitler. Er war im Führerbunker anwesend, als Hitler Selbstmord beging. Hartnäckig hielten sich Gerüchte, Bormann habe überlebt und sei wie andere Nazis, darunter Adolf Eichmann und Dr. Josef Mengele, nach Südamerika geflüchtet. Anderen Berichten zufolge starb er nur wenige Straßenkarrees vom Führerbunker entfernt.

Abbildung 68: Lt. Thomas F. Lambert Jr., stellvertretender US-Ankläger beim Internationalen Militärtribunal, beim Vortrag der Anklage gegen Martin Bormann. Bormann war so wichtig, dass gegen ihn *in absentia* verhandelt wurde – einschließlich der Anhörung von Zeugen und der Bestellung eines Pflichtverteidigers. Es erging ein Schuldspruch: Strafmaß Todesstrafe.

Abbildung 69: Die Vorderfront des Nürnberger Justizpalastes. Man sieht die vier Fahnen der Signatarmächte Frankreich, USA, Großbritannien und Sowjetunion.

Abbildung 70: Hermann Göring im Zeugenstand. Der ehemalige Reichsmarschall zeigte sich während des Prozesses äußerst selbstbewusst und wusste sich geschickt zu verteidigen: „Die ganze Vorstellung von einer Verschwörung hat weder Hand noch Fuß. Wir hatten die Verpflichtung, den Befehlen des Staatsoberhaupts zu gehorchen. Keinesfalls waren wir eine Bande von Kriminellen, die sich irgendwo mitten im Wald traf, um dort Massenmorde auszubrüten. Die vier wahren Verschwörer sind hier und heute nicht anwesend: Der Führer, Himmler, Bormann und Göbbels."

Abbildung 71: Eines der wenigen Farbfotos der angeklagten Hauptkriegsverbrecher des Internationalen Militärtribunals. Nach den Selbstmorden von Hitler, Goebbels, Himmler, Robert Ley und dem Verschwinden Martin Bormanns war dies die oberste NS-Führungsriege:
(von links nach rechts)
Hermann Goering, Rudolf Heß, Joachim von Ribbentrop, Wilhelm Keitel, Ernst Kaltenbrunner, Alfred Rosenberg, Hans Frank, Wilhelm Frick, Julius Streicher, Walther Funk und Hjalmar Schacht. In der zweiten Reihe sitzen Karl Doenitz, Erich Raeder, Baldur von Schirach, Fritz Sauckel, Alfred Jodl, Franz von Papen, Arthur Seyss-Inquart, Albert Speer, Constantin von Neurath und Hans Fritsche.
Vor den Angeklagten sitzen ihre Strafverteidiger.

Die Militärführung
Die stellvertretend für das Oberkommando der Wehrmacht angeklagten Generäle Wilhelm Keitel, Leiter des Oberkommandos der Wehrmacht, und Alfred Jodl, Leiter des Wehrmachtführungsstabes, sowie die für die Kriegsmarine angeklagten Großadmiräle Erich Raeder und Karl Dönitz beriefen sich sowohl während der Vernehmungen im Vorverfahren als auch auf der Anklagebank auf den so genannten Befehlsnotstand, um die gegen

sie erhobenen Anklagepunkte Verschwörung, Verbrechen gegen den Frieden und Kriegsverbrechen – lediglich Keitel und Jodl waren im letzten Punkt angeklagt – zu entkräften. Sie hätten den Befehlen Hitlers Folge leisten müssen, da er nun einmal Staatsoberhaupt und Oberbefehlshaber der Wehrmacht war. Im Verlauf der Aussagen vor Gericht wurde rasch deutlich, wie sehr die Angeklagten des deutschen Militärs im Bann Hitlers gestanden hatten, auch wenn sie mit seinen Plänen und Vorstellungen bisweilen nicht einverstanden gewesen waren. Wilhelm Keitel zum Beispiel schilderte, wie er „das eine und andere Mal" zwar fest entschlossen gewesen war, Einspruch gegen Hitlers Pläne zu erheben – so wie gegen sein Vorhaben, 1941 mit dem Angriff auf die Sowjetunion einen Zweifrontenkrieg zu eröffnen –, dann aber in dessen Gegenwart eben doch nicht in der Lage war, diese Bedenken tatsächlich vorzubringen. „Jeder Einwand wäre Verrat gleichgekommen", erklärte er. Diese Unfähigkeit, in Hitlers Beisein eine eigene oder gar abweichende Meinung zu äußern, macht deutlich, wie hypnotisch und magnetisierend die Wirkung gewesen sein muss, die vom „Führer" ausging. Eine Ausstrahlung, die durchaus mit der zu vergleichen ist, welche Massenprediger im Rahmen religiöser Erweckungsversammlungen ausüben. Diese Aura beschränkte sich freilich keineswegs allein auf die Führungseliten, die in unmittelbarem Kontakt mit Hitler standen, sondern infizierte so gut wie die gesamte deutsche Bevölkerung. Insbesondere die quasireligiösen Elemente des Naziregimes wie etwa die rituellen Massenaufmärsche, der allgegenwärtige Führergruß und aufwendig zelebrierte Führerkult, die spektakulären Fackelaufmärsche und die Allgegenwart riesiger Hakenkreuzflaggen taten ihre Wirkung: dies alles zusammengenommen beschwor als eine Art hysterisches Gesamtkunstwerk einen Zauberbann herauf, welcher die Massen in einen regelrechten Rauschzustand versetzte, der sich dann zielstrebig für menschenverachtende Zwecke instrumentalisieren ließ.

Abbildung 72: Generaloberst Alfred Jodl unterzeichnet als Beauftragter des nach dem Selbstmord Hitlers nachgefolgten Staatsoberhaupts Großadmiral Dönitz die bedingungslose Kapitulation im Hauptquartier der alliierten Streitkräfte (*Supreme Headquarters Allied Expeditionary Force*, abgekürzt SHAEF) in Reims. Jodl hatte General Eisenhower verärgert, da er seine Unterschrift um volle zwei Tage hinauszögerte, was es knapp einer Million Wehrmachtsoldaten an der Ostfront ermöglichte, sich den Amerikanern zu ergeben anstatt den Sowjets.

Abbildung 73: Großadmiral Erich Raeder belobigt die Besatzung des Schlachtschiffs „Scharnhorst" im April 1942 nach dem knapp geglückten Entkommen aus dem Ärmelkanal. Raeder war ein Einzelgänger, der oft gegen Hitlers Pläne opponierte, darunter bei der Operation *Seelöwe* (der Invasion Englands) und der Operation *Barbarossa* (der Invasion der Sowjetunion). Raeder reichte Anfang 1943 seinen Abschied ein. In Nürnberg wurde er zu lebenslanger Haft verurteilt, jedoch 1955 entlassen.

Abbildung 74: Feldmarschall Wilhelm Keitel unterschreibt am 8. Mai 1945 die Kapitulation der deutschen Wehrmacht im Hauptquartier der Sowjetunion in Berlin-Karlshorst. Keitel, ein eher vorsichtiger Offizier, lehnte zunächst Hitlers Einmarsch in Frankreich und der Sowjetunion ab, widerrief dies aber später und war seitdem nie wieder anderer Meinung als Hitler, was ihm bei seinen Kollegen den Spitznamen „nickender Esel" eintrug.

Abbildung 75: Großadmiral Karl Dönitz, Oberbefehlshaber der Kriegsmarine, war federführend beim geheimen Aufbau der deutschen U-Bootflotte vor dem Ausbruch des Zweiten Weltkriegs. Er war ein treuer Gefolgsmann Hitlers, wurde am 2. Mai 1945 zu dessen Nachfolger ernannt und übte dieses Amt dreiundzwanzig Tage lang aus. In Nürnberg wurde er mehrerer Anklagepunkte für schuldig befunden und zu zehn Jahren Haft in Spandau verurteilt.

Eindrücke aus dem Gerichtssaal
Die Filmaufnahmen, die alliierte Soldaten auf ihrem Vormarsch durch Deutschland gemacht hatten, zeigten ausgemergelte Überlebende der Konzentrationslager und waren der unwiderlegbare Beweis für die Existenz der gezielten Massenvernichtung. Die Vorführung dieser Filmszenen im Gerichtssaal hatte eine beklemmende Wirkung auf die Angeklagten. Wir Mitarbeiter des Tribunals hatten im Zuge von verfahrensvorbereitenden Verhören und als Dolmetscher bei den nach Kriegsende durchgeführten Untersuchungen von Konzentrationslagern längst von der nationalsozialistischen Vernichtungspolitik erfahren. Ich selbst war bei Vernehmungen von KZ-Kommandanten als Übersetzer anwesend und wusste daher zumindest in Teilen von der Deportation und Ausrottung der Juden durch die Nazis. Das ganze menschenverachtende Ausmaß des Holocausts mit über sechs Millionen Ermordeten trat uns jedoch erst vor Augen, als wir über neues Beweismaterial verfügten. Gustave M. Gilbert, der in Nürnberg tätige Gerichtspsychologe, hat in seinem „Nürnberger Tagebuch" die Erschütterung geschildert, die der Film bei den Angeklagten auslöste. Obwohl es nichts zu übersetzen gab, war ich bei der Sitzung im Gerichtssaal an Ort und Stelle, als der Film gezeigt wurde, und wurde Zeuge des blanken Entsetzens, das sich auf den Gesichtern der meisten Angeklagten widerspiegelte. Der Bankier Hjalmar Schacht zum Beispiel drehte der Leinwand demonstrativ den Rücken zu, als wollte er durch diese trotzige Geste ausdrücken, dass er mit diesen Schreckensbildern nichts zu tun hatte. Hans Frank, ehemals Generalgouverneur Polens, sprach wohl im Namen von manch anderem Angeklagten, als er nach Betrachten des Filmmaterials ausrief: "Wenn solche Greuel im Namen Deutschlands und des deutschen Volkes begangen werden, dann sind wir alle an diesen Verbrechen mitschuldig." Doch obwohl Frank die Schuld Deutschlands anerkannte, weigerte er sich, seinen persönlichen Anteil an den Geschehnissen und seine Mitschuld einzugestehen – dabei lagen Beweise dafür vor, dass Auschwitz und weitere Konzentrationslager seiner Verantwortung unterstanden hatten. Der Angeklagte Baldur von Schirach, seines Zeichens ehemaliger Reichsjugendführer, reagierte ganz ähnlich: Deutschland als Ganzes war schuldig, persönlich hatte er jedoch mit dem Terror und den Verbrechen nichts zu tun.
Oft bin ich in der Vergangenheit gefragt worden, wie ich persönlich auf die Enthüllungen der nationalsozialistischen Greueltaten reagiert habe. Wie auch andere Mitarbeiter des Tribunals befand ich mich damals in einer Art Doppelrolle: Einerseits war ich als Dolmetscher ein Teil des Prozessgeschehens und musste im Gerichtssaal eine professionelle, von meinen Gefühlen unbeeinflusste Haltung wahren; andererseits waren meine Familie

und ich persönlich von den Verfolgungen durch die Nationalsozialisten betroffen. Meinen Großvater haben sie ermordet und uns alle aus Wien vertrieben. Während meiner Zeit in Nürnberg versuchte ich jedoch, mich allein auf meine Aufgabe als Dolmetscher und Übersetzer bei den Kriegsverbrecherprozessen und die damit verbundenen Herausforderungen zu konzentrieren. Auch wenn ich angesichts des langen Kataloges der ungeheuerlichen Verbrechen, die im Laufe der Verfahren durch Zeugenaussagen und verschiedene Dokumente ans Licht kamen, selbstverständlich nicht ungerührt blieb, so lag mein Hauptaugenmerk doch auf meiner Aufgabe als Dolmetscher. Ich durfte mich durch meine persönliche Lebensgeschichte nicht von der ohnehin schon schwierigen Arbeit am Mikrophon ablenken lassen. Erst Jahre später, als ich mehr Abstand zu dem damaligen Geschehen gewonnen hatte, erlaubte ich es mir, meine persönliche Meinung zur historischen Bedeutung der Prozesse zu äußern.

Abbildung 76: 11. April 1945: US-Truppen fanden im Zwangsarbeiterlager Nordhausen zahlreiche Leichen von Zwangsarbeitern auf dem Fußboden ihrer Baracken liegen.

Abbildung 77: 16. April 1945: Ausgezehrte Zwangsarbeiter im Konzentrationslager Buchenwald, das von US-Truppen der 80. Division am 11. April befreit wurde. Der mit dem Pfeil gekennzeichnete, erst sechzehn Jahre alte Elie Wiesel wurde später zu einem bekannten Schriftsteller und Aktivisten gegen Gewalt, Unterdrückung und Rassismus und bekam 1986 den Friedensnobelpreis verliehen.

Abbildung 78: Josef Oberhauser, Fritz Jirmann und Kurt Franz vor dem SS-Lager Belzec. Das Todeslager war berüchtigt wegen der Experimente, die man dort zur Effizienzerhöhung des Systems der Massenvernichtung menschlichen Lebens unternahm.

Die Atmosphäre im Nürnberg der Kriegsverbrecherprozesse
Die ganze Zeit, die ich in Nürnberg verbrachte, erlebte ich wie in leichtem Fieber, mit einem geschärften Sinn für das Heute. Man hatte mich gewaltsam von meiner Vergangenheit getrennt, und was meine Zukunft anging, stand nur fest, dass sie offen und ungewiss war. Diese Überhitztheit und Intensität strahlte auf alles ab: auf den Rhythmus der Arbeit sowie auf alle Freundschaften und Bekanntschaften, die ich schloss. Dass Zeiten des Umbruchs und verschärfter Herausforderungen die Befähigung des Menschen zu direkt unter die Haut gehenden Empfindungen und dazu passenden Ausschweifungen auf die Spitze treiben, war eines der großen Themen des französischen Existentialisten Jean Paul Sartre.

Der Alltag der aus den unterschiedlichsten Ländern stammenden Mitarbeitern des Militärtribunals folgte einem recht starren Schema: Man arbeitete tagsüber im Büro oder aber im Gerichtssaal, abends dann traf man sich zum Feiern im Nürnberger Grand Hotel. Alle genossen wir das rare Vorrecht, uns nach Belieben der Dienste eines Fahrzeugparks zu bedienen und uns ganz nach Wunsch vom Justizpalast zu unseren Unterkünften, ins Grand Hotel oder zu anderen Zielen in oder rund um die Stadt chauffieren zu lassen. Im Hotel versammelten sich einfach alle: Die multinational gemischten Mitarbeiter des Sekretariats, die Stäbe der Anklagevertretungen und auch die Presseleute, egal ob an den Bars, im Speisesaal oder im Ballsaal, wo täglich zu Livemusik getanzt wurde. Dieses turbulente Leben entbehrte nicht unwirklicher Züge, da sich ja alles stets vor dem Hintergrund der durch Brandbomben zerstörten Altstadt, die nur wenige 100 Meter hinter dem Hotel begann, und dem wahrhaftig düsteren Anlass der Vorbereitungen auf den Kriegsverbrecherprozess abspielte. In den Monaten nach Kriegsende litten die Deutschen an drastischer Lebensmittelknappheit – ich weiß daher noch gut, dass des Öfteren hungrige Kinder ihre Nasen an die Fenster des Speisesaals des Grand Hotels drückten, um mit großen Augen das üppige Mahl zu bestaunen, das man uns Mitarbeitern des Tribunals servierte. Die deutsche Währung, damals noch die Reichsmark, war so gut wie wertlos und rief eine „Zigarettentauschwirtschaft" ins Leben, bei der alliierte Soldaten und US-Zivilangestellte Stangen amerikanischer Zigaretten gegen Waren wie Porzellan oder Textilien tauschten und einzelne Zigaretten als Trinkgeld oder kleines Dankeschön verteilten.

Abbildung 79: Der Speisesaal des Grand Hotels in Nürnberg. Rechts oben ist Piilani zu sehen (weißer Pfeil); zu ihrer Rechten sitzt ihr Bruder, amerikanischer Soldat bei der Beatzungsarmee und damals zu Besuch in Nürnberg.

Abbildung 80: Die Bar des Hotels, ein beliebter Treffpunkt der Mitarbeiter des Internationalen Militärtribunals.

Die erschütternde Zeugenaussage des Rudolf Höß
Während Hitler und der Reichsführer der SS, der spätere Reichsinnenminister Heinrich Himmler die so genannte „Endlösung der Judenfrage" systematisch und bis ins kleinste Detail geplant hatten, waren die beiden SS-Obersturmbannführer Adolf Eichmann und Rudolf Höß die Erfüllungsgehilfen dieser Pläne und setzten sie in die Tat um. Höß, von Mai 1940 bis November 1943 Kommandant des Konzentrationslagers Auschwitz, zeichnete laut seiner eidesstattlichen Erklärung für den Tod von rund drei Millionen Männern, Frauen und Kindern verantwortlich. Die von Höß während seiner Vernehmungen gemachten Aussagen wurden in einem so genannten „Affidavit" – einer eidesstaatlichen Erklärung – in englischer Sprache zusammengefasst und während des Prozesses großteils verlesen.
Nicht ohne einen gewissen Stolz gab Höß zu Protokoll, dass seine Vernichtungsmethoden um einiges effizienter waren als die in anderen Lagern. Laut gerichtspsychologischem Gutachten war dieser millionenfache Mörder ein nüchterner Mann, der sich neben der Unfähigkeit, sich in andere Menschen einzufühlen, vor allem durch vorauseilenden Gehorsam und Autoritätsgläubigkeit auszeichnete.
Nach Kriegsende konnte sich Höß fast ein Jahr lang der Gefangennahme entziehen. Als es der britischen Militärpolizei schließlich am 11. März 1946 gelang, ihn festzunehmen, arbeitete Höß unter dem Pseudonym Franz Lang auf einem Bauernhof in der Nähe von Flensburg. Höß, den seine Frau an die Behörden verraten hatte, gab seine eigentliche Identität schnell preis. Im Nürnberger Hauptkriegsverbrecherprozess sagte Höß als Zeuge der Strafverteidiger von SS-Obergruppenführer Ernst Kaltenbrunner aus. Bei zweien der Nachfolgeprozesse war Höß Zeuge der Anklage: beim Prozess „Wirtschafts- und Verwaltungshauptamt der SS", wo er gegen dessen Leiter Oswald Pohl aussagte, wie auch beim I.G.-Farben–Prozess, in dem gegen leitende Angestellte dieses Industrieunternehmens ermittelt wurde. In dem Betrieb wurde das zum Massenmord an den Juden in den Gaskammern verwendete Blausäuremittel Zyklon B hergestellt. In seiner eidesstattlichen Erklärung behauptete Höß, er habe ursprünglich geglaubt, die Gefangenen des Konzentrationslagers Auschwitz seien für die landwirtschaftliche Arbeit auf polnischen Bauernhöfen vorgesehen. Stattdessen aber „wurde ich zum persönlichen Befehlsempfang zum Reichsführer-SS, Himmler, nach Berlin befohlen. Dieser sagte mir dem Sinne nach: ‚der

Führer hat die Endlösung der Judenfrage befohlen. Wir, die SS, haben diesen Befehl durchzuführen."'[13]
Chefankläger Telford Taylor beschrieb später die verheerende Wirkung, die Höß' Aussage beim Nürnberger Hauptkriegsverbrecherprozess bei den Angeklagten und ihren Verteidigern hinterließ: „Das ganze schreckliche Ausmaß der Verbrechen des Nazi-Regimes [welches durch Höß' Aussagen zutage trat], maßgeblich verantwortet von dem „Führer" Adolf Hitler, dem die Angeklagten Treue geschworen hatten, sowie von Himmler, Heydrich, Pohl, Müller und anderen Führungspersönlichkeiten des Nazi-Regimes, warf einen dunklen Schatten der Scham über die Angeklagten und ihre Verteidiger. Es ist keineswegs verwunderlich, dass Dr. Victor von der Lippe in seinem Buch „Nürnberger Tagebuchnotizen"[14] die Wirkung von Höß' Aussage als „niederschmetternd" bezeichnet."

Rudolf Höß wurde 1946 an Polen ausgeliefert, wo in Warschau vor dem Obersten Volksgerichtshof des Landes gegen ihn verhandelt wurde. Am 2. April 1947 wurde er zum Tod durch den Strang verurteilt und vierzehn Tage später an einem eigens dafür errichteten Galgen in der Nähe des Krematoriums von Auschwitz gehenkt.

Höß' eidesstattliche Erklärung ist eine Anklage gegen das Naziregime, wie sie erschütternder nicht sein könnte. Ich befand mich an jenem Tag, an dem Höß als Zeuge aufgerufen wurde, im Gerichtssaal und seine Aussage und die anschließende Befragung stehen mir noch lebhaft vor Augen.

Im Folgenden seien die zentralen Punkte aus Höß' eidesstattlicher Erklärung, dem so genannten „Affidavit", zitiert.

---

[13] Drexel A. Sprecher / Claiborne Pell: Inside the Nuremberg Trial. A Prosecutor's Comprehensive Account. Vol. 1&2. University Press of America. S. 869.
[14] Lippe, Victor Frh. v. d.: Nürnberger Tagebuchnotizen, November 1945 bis Oktober 1946. Frankfurt/Main 1951. Von der Lippe wirkte an der Verteidigung von Erich Raeder als Assistent von Dr. Walter Siemers mit.

Abbildung 81: Geselliges Beisammensein im SS-Erholungsheim „Solahütte" rund 30 Kilometer südlich von Auschwitz: Richard Baer, der Nachfolger von Höß als Lagerkommandant von Auschwitz, der wegen seiner medizinischen Experimente an vielen Lagerinsassen berüchtigte Dr. Josef Mengele und Rudolf Höß.

Das Affidavit
[1. ...]
2. Seit 1934 hatte ich unausgesetzt mit der Verwaltung von Konzentrationslagern zu tun und war in Dachau im Dienst bis 1938; dann als Adjutant in Sachsenhausen von 1938 bis zum 1. Mai 1940, zu welcher Zeit ich zum Kommandanten von Auschwitz ernannt wurde. Ich befehligte Auschwitz bis zum 1. Dezember 1943 und schätze, daß mindestens 2.500.000 Opfer dort durch Vergasung und Verbrennen hingerichtet und ausgerottet wurden; mindestens eine weitere halbe Million starb durch Hunger und Krankheit, was eine Gesamtzahl von ungefähr 3.000.000 Toten ausmacht. Diese Zahl stellt ungefähr 70 oder 80 Prozent aller Personen dar, die als Gefangene nach Auschwitz geschickt wurden, die übrigen wurden ausgesucht und für Sklavenarbeit in den Industrien der Konzentrationslager verwendet. Unter den hingerichteten und verbrannten Personen befanden sich ungefähr 20.000 russische Kriegsgefangene (die früher von der Gestapo aus Kriegsgefangenenlagern ausgesondert waren); diese wurden in Auschwitz in Wehrmachttransporten, die von regulären Offizieren und Mannschaften der Wehrmacht befehligt wurden, eingeliefert. Der Rest der Gesamtzahl der Opfer umfaßte ungefähr 100.000 deutsche Juden und eine große Anzahl meist jüdischer Einwohner aus Holland, Frankreich, Belgien, Polen, Ungarn, der Tschechoslowakei, Griechenland oder anderen Ländern. Ungefähr 400.000 ungarische Juden wurden allein in Auschwitz im Sommer 1944 von uns hingerichtet.
[3. ...]
4. Massenhinrichtungen durch Vergasung begannen im Laufe des Sommers 1941 und wurden bis zum Herbst 1944 fortgesetzt. Bis zum 1. Dezember 1943 beaufsichtigte ich persönlich die Hinrichtungen in Auschwitz und weiß auf Grund meines laufenden Dienstes in der Inspektion der Konzentrationslager im WVHA, daß diese Massenhinrichtungen wie oben erwähnt

fortgeführt wurden. Alle Massenhinrichtungen durch Vergasung fanden unter dem direkten Befehl, unter der Aufsicht und Verantwortlichkeit des RSHA statt. Ich erhielt unmittelbar vom RSHA alle Befehle zur Ausführung dieser Massenhinrichtungen.
[5. ...]
6. Die ›Endlösung‹ der jüdischen Frage bedeutete die vollständige Ausrottung aller Juden in Europa. Ich hatte im Juni 1941 den Befehl erhalten, in Auschwitz Vernichtungsmöglichkeiten einzurichten. Zu jener Zeit gab es im Generalgouvernement schon drei weitere Vernichtungslager: Belzek, [460] Treblinka und Wolzek. Diese Lager unterstanden dem Einsatzkommando der Sicherheitspolizei und des SD. Ich besuchte Treblinka, um festzustellen, wie die Vernichtungen ausgeführt wurden. Der Lagerkommandant von Treblinka sagte mir, daß er 80.000 im Laufe eines halben Jahres liquidiert hätte. Seine Aufgabe war hauptsächlich die Liquidierung aller Juden aus dem Warschauer Ghetto. Er hat Monoxydgas verwendet und ich hielt seine Methoden für nicht sehr wirksam. Als ich daher das Vernichtungsgebäude in Auschwitz errichtete, nahm ich Zyklon B in Verwendung, eine kristallisierte Blausäure, die wir in die Todeskammer durch eine kleine Öffnung einwarfen. Es dauerte, je nach den klimatischen Verhältnissen, 3 bis 15 Minuten, um die Menschen in der Todeskammer zu töten. Wir wußten, wann die Menschen tot waren, weil ihr Schreien aufhörte. Wir warteten gewöhnlich ungefähr eine halbe Stunde, bevor wir die Türen öffneten und die Leichen entfernten. Nachdem man die Körper herausgeschleppt hatte, nahmen unsere Sonderkommandos den Leichen die Ringe ab und zogen das Gold aus den Zähnen dieser Leichname.
7. Eine andere Verbesserung gegenüber Treblinka war, daß wir Gaskammern bauten, die 2.000 Menschen auf einmal fassen konnten, während die zehn Gaskammern in Treblinka nur je 200 Menschen aufnahmen. Die Art und Weise, in der wir unsere Opfer auswählten, war folgende:
Zwei SS-Ärzte waren in Auschwitz tätig, um die einlaufenden Gefangenentransporte zu untersuchen. Die Gefangenen mußten an einem der Ärzte vorbeigehen, der bei ihrem Vorbeimarsch sofort die Entscheidung fällte. Die Arbeitsfähigen wurden ins Lager geschickt. Andere wurden sofort in die Vernichtungsanlagen geschickt. Kinder in sehr jungen Jahren wurden stets vernichtet, da sie auf Grund ihrer Jugend unfähig waren, zu arbeiten. Noch eine andere Verbesserung gegenüber Treblinka war, daß in Treblinka die Opfer fast immer wußten, daß sie vernichtet werden sollten, während wir uns in Auschwitz bemühten, die Opfer zum Narren zu halten, und sie im Glauben zu lassen, sie hätten ein Entlausungsverfahren durchzumachen. Natürlich erkannten sie auch häufig unsere wahren Absichten, und wir hat-

ten aus diesem Grunde manchmal Aufruhr und Schwierigkeiten. Sehr häufig wollten Frauen ihre Kinder unter den Kleidern verbergen, aber wenn wir sie fanden, wurden die Kinder natürlich zur Vernichtung geschickt. Wir sollten diese Vernichtungen im geheimen ausführen, aber der faule und Übelkeit erregende Gestank, der von der ununterbrochenen Körperverbrennung ausging, durchdrang die ganze Gegend, und alle Leute, die in den umliegenden Gemeinden lebten, wußten, daß in Auschwitz Vernichtungen im Gange waren.

[8. ...]

[9. ...]

10. Rudolf Mildner war ungefähr von März 1941 bis September 1943 Chef der Gestapo in Kattowitz. In dieser Eigenschaft sandte er häufig Gefangene nach Auschwitz zur Einkerkerung oder Hinrichtung. Er besuchte Auschwitz bei verschiedenen Gelegenheiten. Der Gestapo-Gerichtshof, das SS-Standgericht, das Personen verhörte, die verschiedener Verbrechen beschuldigt wurden, wie Kriegsgefangene, die geflüchtet waren et cetera, trat häufig in Auschwitz zusammen und Mildner wohnte den Verhandlungen gegen solche Personen oft bei, die gewöhnlich gemäß dem Urteilsspruch in Auschwitz hingerichtet wurden. Ich führte Mildner durch die gesamte Vernichtungsanlage in Auschwitz, an der er sehr interessiert war, da er Juden aus seinem Gebiet zur Hinrichtung nach Auschwitz senden mußte.

Ich verstehe englisch, in welcher Sprache obenstehender Text niedergelegt ist. Die obigen Angaben sind wahr; diese Erklärung gab ich freiwillig und ohne Zwang ab. Nach Durchlesen der Angaben habe ich dieselben unterzeichnet und vollzogen in Nürnberg, Deutschland, am fünften Tage des April 1946.

Abbildung 82: Überlebende des KZ Wöbbelin, eines Außenlagers von Neuengamme, unweit von Ludwigslust. Wöbbelin wurde erst im Frühjahr 1945 gebaut; von den rund 5.000 Lagerinsassen aus 16 Nationen überlebten über 1.000 nicht einmal die zehn Wochen, die das Lager bestand.

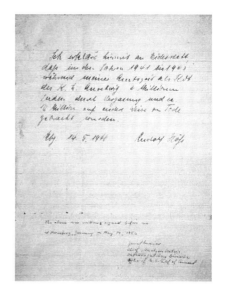

Abbildung 83: Originaletikett von Zyklon-B, hergestellt von der „Deutschen Gesellschaft für Schädlingsbekämpfung", einer Tochterfirma der IG Farben.

Abbildung 84: Das von Höß eigenhändig unterschriebene Geständnis:
„Ich erkläre hiermit an Eides statt, dass in den Jahren 1941 bis 1943 während meiner Amtszeit als Kdt des K.Z. Auschwitz 2 Millionen Juden durch Vergasung und ca. 1/2 Million auf andere Weise zu Tode gebracht wurden. Nbg., 14.5.1946"
Bezeugt und beglaubigt wurde dieses Geständnis von Josef Maier von der Verhörabteilung der US-Anklagevertretung.

Die Vollstreckung der Todesurteile

Nie werde ich die Nacht des 16. Oktober 1946 vergessen, in der die Todesurteile vollzogen wurden. Als Mitglied des Stabes beim Internationalen Militärtribunal wusste ich natürlich, dass sie in dieser Nacht vollstreckt würden, auch wenn die genaue Uhrzeit niemandem bekannt war. Die Hinrichtungen sollten in einer an die Gefängniszellen unmittelbar angrenzenden Turnhalle vollzogen werden, in der man die beiden Galgen errichtet hatte. Neben den offiziellen Beobachtern aus den Reihen des Tribunals waren bei der Vollstreckung der Urteile auch ausgewählte Vertreter der internationalen Presse anwesend, um über die Hinrichtungen zu berichten. Alle Beobachter einschließlich der Pressevertreter hatten sich am Abend vor der Exekution zu einem bestimmten Zeitpunkt in der Turnhalle einzufinden. Von da an durften sie auf gar keinen Fall mit der Außenwelt in Kontakt stehen oder den Gefängniskomplex vor dem nächsten Morgen verlassen. Gemeinsam mit einigen anderen Mitarbeitern des Tribunals, die alle keinen Zugang zum Ort der Urteilsvollstreckung hatten, verbrachte ich die Nacht in meinem Büro im Nürnberger Justizpalast.

Infolge der strikten Nachrichtensperre unterlief einigen europäischen Zeitungen, die ihre Leser mit den brandaktuellsten Nachrichten versorgen wollten, eine peinliche Fehlmeldung. Die Schlagzeilen verkündeten nämlich am Morgen des 16. Oktobers die Exekution von elf Verurteilten, obwohl Hermann Göring etwa zwei Stunden vor der geplanten Hinrichtung mit Zyankali Selbstmord begangen hatte. Die Zeitverschiebung zwischen Europa und den USA bewahrte die amerikanische Presse vor demselben peinlichen Fehler. Nach der Hinrichtung der übrigen zum Tode Verurteilten brachte man Görings Leiche in die Turnhalle und legte sie neben die zehn am Galgen Exekutierten, damit auch sein Tod amtlich festgestellt und dokumentiert werden konnte. Es gibt zahlreiche Theorien zu der bis heute ungeklärten Frage, wie Göring an die Zyankalikapsel herankommen konnte, (u. a. heißt es, dass ein amerikanischer Wachoffizier daran beteiligt gewesen sein soll). Keine davon konnte jemals schlüssig belegt werden. Am Tag nach der Hinrichtung wurden die Leichen der elf zum Tode verurteilten Kriegsverbrecher verbrannt und ihre Asche in einen Seitenarm der Isar gestreut.

Abbildung 85: Master Sergeant John C. Woods, der Henker der US-Armee. Aufgrund absichtlich oder unabsichtlich falsch berechneter Stricklängen trat bei mehreren der Hinzurichtenden kein schneller Tod durch Genickbruch ein, sondern sie erstickten langsam und qualvoll.

Die Nachfolgeprozesse
Auf das Hauptverfahren vor dem internationalen Militärgerichtshof folgten noch zwölf weitere Nachfolgeprozesse in den Jahren 1946 bis 1949. In diesen Prozessen wurden führende Verantwortliche in verschiedenen Bereichen zur Rechenschaft gezogen. Unter anderem standen diejenigen Ärzte vor Gericht, die medizinische Experimente an ahnungslosen Häftlingen durchgeführt hatten, ebenso nationalsozialistische Richter und Staatsanwälte, politisches und militärisches Führungspersonal, Einsatzkommandos, Industrielle sowie Ministerialbeamte, die für die Umsetzung der verbrecherischen Politik der Nationalsozialisten verantwortlich waren. Bei diesen Nachfolgeprozessen – obwohl sie im rechtlichen Rahmen des ersten internationalen Prozesses durchgeführt wurden – stand die Anklagebehörde unter der Leitung und Verwaltung der USA. Anstatt viersprachig wurden die Nachfolgeprozesse zweisprachig, das heißt in Englisch und Deutsch abgehalten.
Ich blieb während der gesamten Dauer der Prozesse in Nürnberg, wobei ich von 1947 bis 1949 als Leiter der Dolmetscherabteilung tätig war. Der Hauptankläger bei den Nachfolgeprozessen war Brigadegeneral Telford Taylor, der bereits während des Haupttribunals Richter Jackson als Assistent zur Seite gestanden hatte. Später wurde Taylor Professor an der juristischen Fakultät der New Yorker Columbia Universität und Autor mehrerer wichtiger Werke zu den Nürnberger Prozessen und zur Geschichte des Zweiten Weltkriegs.
In den Jahren der Nachfolgeprozesse veränderte sich ganz allmählich die politische Rolle Deutschlands: Vom besiegten Kriegsgegner und Feind wandelte es sich zum wichtigen strategischen Partner im Kalten Krieg und wurde zum Bollwerk gegen die kommunistische Sowjetunion. Die Amnestien und Strafmilderungen jener Zeit müssen somit im Lichte dieser veränderten Haltung Deutschlands gegenüber gesehen werden. Das erklärte Ziel der Nürnberger Prozesse, Kriegsverbrecher ihrer gerechten Strafe zuzuführen, war jedoch nicht ohne Weiteres mit der politischen Wirklichkeit und der strategischen Notwendigkeit, Deutschland als Partner zu gewinnen, in Einklang zu bringen. Dabei gab es aber kein schlichtes Entweder-oder, grenzten sich doch aufgeklärte deutsche Politiker wie Konrad Adenauer ganz entschieden von der nationalsozialistischen Vergangenheit ab und erkannten die Schuld Deutschlands uneingeschränkt an. Vorbehaltlos strebten sie den Aufbau einer demokratischen Rechtsordnung an, ein Ziel, das die Bundesrepublik Deutschland letztendlich zur Übernahme historischer Verantwortung und zu einer allseits geachteten Stellung als vollwertiges Mitglied der Nato und der Europäischen Gemeinschaft führen sollte.

Der Film „Das Urteil von Nürnberg" von 1961 mit Marlene Dietrich und Spencer Tracy in den Hauptrollen thematisiert sehr zutreffend die moralischen Fragen, die sich beim Nachfolgeprozess gegen namhafte NS-Juristen stellten, bei dem ich ebenfalls als Dolmetscher und Übersetzer arbeitete. Der Film benennt ohne Umschweife sehr genau, was es bedeutete, als Richter in einem totalitären Staat tätig zu sein, und welche Rolle persönlichem Anstand oder aber opportunistischem Mitläufertum bei der Durchsetzung neuer NS-Gesetze zukam. Das Porträt des angeklagten Richters, eines an sich ehrenhaften Herrn, der gleichwohl einen Juden zum Tode verurteilte, der wegen eines Verhältnisses zu einer deutschen Frau unter Anklage stand, bringt den durchaus realen Konflikt auf den Punkt, der zwischen der Macht des Gesetzes und der Macht der Menschlichkeit liegt und sich als eines der grundlegenden Themen des NS-Regimes durch sämtliche dreizehn in Nürnberg wegen Kriegsverbrechen verhandelten Prozesse zieht.

Die Romanze freilich, die sich zwischen Spencer Tracy als US-Richter beim Militärgericht und Marlene Dietrich als deutsche Besitzerin des Hauses, in dem Richter Haywood untergebracht ist, entspann, war reines Hollywood und alles andere als realistisch.

Abbildung 86: General Telford Taylor, der Chef-Ankläger der Nürnberger Nachfolgeprozesse.

Der Ärzteprozess

Eine meiner Aufgaben bei den Nachfolgeprozessen war es, bei der Gerichtsverhandlung gegen jene Ärzte zu übersetzen, die medizinische Versuche an Insassen von Konzentrationslagern durchgeführt hatten. Ehemalige polnische KZ-Insassinnen bezeugten vor Gericht Experimente, bei denen man sie mit Gangren-Erregern infiziert hatte, um so die Wirksamkeit neuer Medikamente zu testen. Viele der Frauen hatten infolge der Experimente Gliedmaßen verloren, eine noch viel größere Zahl von ihnen war dabei umgekommen. Andere Überlebende sprachen von Tests mit Meerwasser, die den Überlebenskampf nach einem Fallschirmabsprung, einem Flugzeugabschuss über offener See oder auch bei einem Schiffsuntergang nachahmen sollten. Den Versuchspersonen wurde dabei ausschließlich Salzwasser zugeführt und jede andere Flüssigkeit bzw. Nahrung verweigert; ihr sich rapide verschlechternder Gesundheitszustand wurde bis zum Eintritt des Todes überwacht und dokumentiert. Ziel dieser Experimente war es, die Notfallausrüstung von Rettungsbooten zu verbessern.

Auf der Anklagebank saßen Ärzte von hohem wissenschaftlichem Ansehen, deren Ruf in manchen Fällen über die Grenzen Deutschlands hinaus gedrungen war. In Anbetracht der Tatsache, dass sie an anerkannten Universitäten ausgebildet worden waren und als Mediziner eine besondere ethische Verantwortung trugen, war ihre Beteiligung an derart menschenverachtenden Verbrechen besonders erschütternd. Zwar behaupteten die Ärzte, die Experimente rein um des medizinischen Fortschritts und damit letztendlich um der Rettung von Leben willen durchgeführt zu haben, spätere Studien belegten jedoch, dass nicht eine einzige nennenswerte medizinische Neuerung auf diese Versuche zurückzuführen war. Wie so oft im Laufe der Nürnberger Prozesse erwies sich auch hier, dass aus Sicht der Angeklagten der angestrebte – unheilige – Zweck alle Mittel rechtfertigte.

Der Hauptangeklagte im Ärzteprozess war Karl Brandt, der als Reichskommissar für das Sanitäts- und Gesundheitswesen die Hauptverantwortung sowohl für die Menschenversuche in den Konzentrationslagern als auch für das Euthanasieprogramm der Nazis trug, das darauf abzielte, so genanntes „unwertes Leben" auszumerzen. Der redegewandte und hochintelligente Brandt hatte zudem als Hitlers Leibarzt gedient. In mancherlei Hinsicht glich Karl Brandt dem Architekten Albert Speer, der ebenfalls Hitlers innerem Zirkel angehörte: Beide waren sie vergleichsweise jung, klug und ehrgeizig und ließen sich von Hitlers Vertrauen blenden und betören.

Eine echte Herausforderung für uns Dolmetscher und Übersetzer beim Ärzteprozess waren die ungewohnten medizinischen Fachausdrücke in den Zeugenaussagen der Experten. Da ein Großteil der medizinischen Fachbegrifflichkeit sowohl im Deutschen als auch im Englischen auf lateinische Wurzeln zurückgeht, war es oft unsere Hauptaufgabe, als medizinische

Laien die lateinischen Wortwurzeln zumindest in die entsprechende korrekte englische bzw. deutsche Aussprache zu kleiden.
Im Rahmen meiner Arbeit als Dolmetscher hatte ich ein Schlüsselerlebnis mit einem der angeklagten Ärzte. Ich litt zu jener Zeit unter einem hartnäckigen Ausschlag im Gesicht, der trotz der Anwendung einer Salbe, die man mir in der Arzneiausgabestelle des Justizpalastes gegeben hatte, nicht abheilen wollte. Während einer Prozesspause winkte mich einer der Ärzte zu sich an die Anklagebank heran. Er studierte mein Gesicht, kritzelte ein Rezept auf ein Stück Papier und riet mir, das entsprechende Präparat in einer nahe gelegenen Apotheke zu besorgen. Er versprach mir, das Hautproblem würde schnell verschwinden, wenn ich die Salbe zweimal täglich anwendete. Ich beschloss, den Versuch zu wagen, und ging mit dem Zettel in die Apotheke, wo man mir bestätigte, dass es sich um ein geläufiges Mittel handelte. Und tatsächlich war der Ausschlag im Laufe weniger Tagen verschwunden.
Diese Begebenheit ist meiner Meinung nach erwähnenswert, zeigt er doch, dass viele jener Ärzte, die sich während der Nazizeit schwerster Verbrechen gegen die Menschlichkeit schuldig machten und in schier himmelschreiender Weise gegen ihren ärztlichen Eid verstießen, ganz und gar den Eindruck gebildeter und wohlerzogener Individuen machten, mit denen man unter normalen Umständen durchaus gern engeren Umgang pflegen würde. Diese Janusköpfigkeit der Angeklagten, die einerseits grausame Verbrecher waren und andererseits bestens ausgebildete Mediziner, wird mir ewig unbegreiflich bleiben.

Nürnberger Freundschaften
Wochenendausflüge in die Alpen oder ausgedehntere Reisen während der Gerichtspausen zu unterschiedlichsten Zielen in ganz Europa boten eine willkommene Abwechslung zu der anstrengenden Arbeit im Gerichtssaal. Denn einer der überaus angenehmen Nebeneffekte der Tätigkeit bei den Nürnberger Prozessen war die Möglichkeit, Freiflüge mit Militärflugzeugen zu nutzen, wann immer freie Plätze zur Verfügung standen.
Im Sommer waren ich und andere Nürnberger Kollegen daher häufiger Gast bei den Salzburger Festspielen, im Winter übernachteten wir des Öfteren in Skihütten in der Gegend um Garmisch oder in den Berchtesgadener Alpen. In Nürnberg änderte sich meine Wohnungssituation. Ich tauschte meine Unterkunft im Grand Hotel gegen ein Haus im Nürnberger Vorort Darmbach, das ich zusammen mit ein paar Kollegen bewohnte. Dort lernte ich die Familie Sterner kennen, ein sympathisches und geselliges Ehepaar,

das mit seinen drei Kindern gleich in der Nachbarschaft wohnte; unsere enge Freundschaft hält bis heute. Als die älteste Tochter der Familie, Lieselotte – Lilo, wie wir sie nannten– mich später auf Hawaii besuchte, fühlte sie sich im Kreise meiner Familie schnell heimisch.

Mein Nürnberger Freundeskreis bestand vor allem aus Übersetzer- und Dolmetscherkollegen, Gerichtsstenographen, Anwälten und Journalisten – kurz und gut aus einer Mischung verschiedenster Menschen, die mein Leben beruflich wie privat sehr bereicherten.

Abbildung 87: Bei der Durchsicht einer Abschrift in meinem Büro im Justizpalast.

Abbildung 88: Im Garten unserer Darmbacher Unterkunft mit unserem Dackel Pascha. Pascha reiste später mit uns im Frachter über den Atlantik und mit nach Hawaii.

Abbildung 89: Familie Sterner, unsere Darmbacher Nachbarn von nebenan. Von links nach rechts: Die Mutter Else Sterner, Christa Sterner, die jüngere Tochter, der Sohn Hansfried Sterner und Lieselotte Sterner, die ältere Tochter, die später bei uns in Hawaii wohnte.

Abbildung 90: Abendessen der Nürnberger Gerichtsstenographen. Piilani und ich sitzen in der hinteren Reihe als Vierte bzw. als Fünfter von links.

Abbildung 91: Bei einem Besuch bei den Sterners nach dem Ende der Nürnberger Prozesse. Lieselotte Sterner, Lilo genannt, lebte später einige Jahre lang bei uns und ist heute auf Tahiti heimisch.

Piilani Ahuna

Wenn ich über die Bedeutung jener Nürnberger Jahre für mein weiteres Leben nachdenke, steht außer Frage, dass nichts mein Leben so nachhaltig beeinflusst hat wie die Begegnung mit Piilani Ahuna. Ich lernte Piilani, die den Prozessen als Gerichtsstenographin zugeteilt war, kurz nach ihrer Ankunft aus den Vereinigten Staaten kennen. Piilani war auf Hawaii geboren und aufgewachsen und anschließend in Kalifornien aufs College gegangen, dort hatte sie auch ihre ersten Erfahrungen als Gerichtsstenographin gesammelt. Sie arbeitete zu jener Zeit für eine Anwaltskanzlei in San Francisco, als ihr zu Ohren kam, dass man Gerichtsstenographen für die Nürnberger Prozesse suchte. Ihre Bewerbung war erfolgreich, und so fand sich Piilani bald im Nachkriegsdeutschland wieder.

Kaum sah ich die attraktive junge Frau mit den hawaiianisch-chinesischen Wurzeln in der Uniform des „Women's Army Corps" und einem Steno-

Block in der Hand den Gerichtssaal betreten, spürte ich die unglaubliche Anziehungskraft, die ihre Erscheinung auf mich ausübte. Jede der vier Arbeitssprachen Deutsch, Englisch, Französisch und Russisch waren im Gerichtssaal Stenographen zugeteilt, die sich laufend abwechselten und in der Sitzreihe direkt unterhalb der Richterbank saßen, wo sie über Kopfhörer der Übertragung der Aussagen in ihrer jeweiligen Sprache lauschten. Zu meinen Aufgaben als Übersetzer gehörte auch, die englischen Verhandlungsprotokolle auf die richtige Schreibweise der deutschen Eigen- und Ortsnamen bzw. der für die Ohren der Gerichtsstenographen ungewohnten militärischen Ränge hin zu überprüfen. Dies brachte natürlich auch engen Kontakt zu den Stenographen und Stenographinnen mit sich, denen ich beim Erstellen korrekter Mitschriften half. Daher hatte ich regelmäßig mit Piilani sowie den übrigen Mitgliedern ihres Teams zu tun.
Piilanis erstes Auftreten im Gerichtssaal erregte in den Reihen der Angeklagten beträchtliches Aufsehen. Ein kurzer Blick hinüber zur Anklagebank zeigte mir, dass sie sich den Kopf darüber zerbrachen, welchen ethnischen Hintergrund Piilani wohl haben mochte.
Piilani und ich stellten bald fest, dass wir einander aufgrund unserer so unterschiedlichen Herkunft viel zu erzählen hatten. Wir wurden schnell Freunde und schließlich – fast schien es unausweichlich – verliebten wir uns ineinander. Wir aßen häufig gemeinsam zu Abend, machten an den Wochenenden lange Spaziergänge durch die Wälder rings um Nürnberg und unternahmen in den Gerichtspausen Ausflüge in die Alpen. Die Hawaiianerin Piilani erzählte mir faszinierende Geschichten über das Leben in ihrer Heimat und über die Kulturen des Pazifiks; ich wiederum konnte sie aufgrund meiner Jugendjahre in Wien und meiner Zeit in London in die Kultur Europas jenseits des Gerichtssaals einführen. Darüber hinaus gehörten wir zu einem größeren Bekanntenkreis von Übersetzern, Gerichtsstenographen, Journalisten und anderen Berufskorrespondenten, die sich gern und oft in ihrer Freizeit zusammenfanden.
Unter ihnen befand sich auch Alfred Kornfeld, ein New Yorker Reporter, der für das Nachrichtenmagazin *Time* über die Nürnberger Prozesse schrieb. Der intelligente und elegante junge Mann gehörte bald zu unserem engeren Freundeskreis und nahm an vielen unserer gemeinsamen Unternehmungen teil. Es kam für mich jedoch völlig überraschend, als Piilani, kurz nachdem Alfred zu uns gestoßen war, mir eines Abends eröffnete, er habe sie um ihre Hand gebeten und wolle sie noch in Nürnberg heiraten. Alfred wollte nach seinem kurzen Ausflug in die Welt des Gerichts in die Fußstapfen seines Vaters, eines Verlegers, treten und sich mit Piilani als Ehefrau gemeinsam eine Zukunft aufbauen.

Piilani befand sich in einem Dilemma. Zwar fühlten wir zwei uns stark zueinander hingezogen, aber an Heirat hatten wir zugegebenermaßen kein einziges Mal gedacht. Im Laufe unserer zahllosen Gespräche redete ich Piilani immer wieder zu, sie solle ernsthaft über Alfreds Antrag nachdenken. Er war klug und sympathisch, überdies wusste er genau, was er wollte; er und Piilani würden ein feines Paar abgeben – da war ich mir sicher. So sehr ich Piilani auch von Herzen zugetan war, fühlte ich mich hingegen weder bereit noch willens, schon jetzt die Verpflichtungen, die eine Ehe mit sich brachte, einzugehen. Piilanis Vertraute in jenen langen Tagen, in denen sie sich mit einer Entscheidung quälte, war Dorothy Fitzgerald, eine enge Freundin, die ebenfalls als Gerichtsstenographin in Nürnberg arbeitete. Schließlich entschloss sich Piilani, Alfred ihr Jawort zu geben. Die beiden gaben sogleich ihre Verlobung bekannt und schmiedeten Pläne für die Hochzeitsfeierlichkeiten auf Schloss Stein, das damals das Hauptquartier und die Unterkunft der Berichterstatter bei den Nürnberger Prozessen war. Zusammen mit Dorothy und anderen Freunden und Freundinnen von Piilani half auch ich bei den Hochzeitsvorbereitungen, so etwa beim Versenden der Einladungen, bei der Vorbereitung der Trauungszeremonie und bei der Planung der musikalischen Umrahmung der Feier durch ein Ensemble der Nürnberger Symphoniker. Ich erinnere mich noch genau an das Hochzeitsdinner in einem kleinen Saal des Schlosses Stein, bei dem ich am selben Tisch direkt neben dem Brautpaar saß.

Rückblickend mag der damalige Verzicht auf die Frau, in die ich verliebt war, als ein schmerzhafter Einschnitt in meinem Leben erscheinen. Zu jener Zeit aber war ich fest davon überzeugt, dass diese Entscheidung zum Besten Piilanis und ihrer weiteren Zukunft sein würde. Da Alfreds Arbeit für das *Time Magazine* nicht auf die Tätigkeit bei den Nürnberger Prozessen beschränkt war, musste er die Stadt schon bald wieder verlassen, um aus anderen Teilen der Besatzungszonen zu berichten. Piilani blieb währenddessen in Nürnberg, um weiter vor Ort als Gerichtsstenographin zu arbeiten.

Ein paar Wochen nach der Hochzeit organisierte ich zusammen mit einigen anderen von Piilanis und Alfreds Freunden eine „Hochzeitsnachfeier" im Nürnberger Grand Hotel mit gemeinsamem Abendessen und anschließendem Tanz. Alfred sollte aus Berlin, wo er sich in jener Zeit beruflich aufhielt, zu der Party anreisen. Als er nicht rechtzeitig eintraf, begannen wir trotzdem mit dem Essen, da wir annahmen, er hätte sich verspätet und würde später gewiss zu uns stoßen. Als wir nach dem Abendessen gemeinsam das Tanzbein schwangen, rief mich ein Hotelangestellter ans Telefon. Es war die Polizei mit der erschütternden Nachricht, dass Alfred auf dem Weg

von Berlin nach Nürnberg auf der Autobahn mit einem Lastwagen zusammengestoßen war. Er war noch am Unfallort seinen Verletzungen erlegen. Die Polizei hatte bei Alfred Papiere gefunden, in denen das Nürnberger Grand Hotel als seine Wohnadresse genannt wurde. Der nächste logische Schritt war, dass die Beamten das Hotel telefonisch kontaktierten. Und da man an der Rezeption wusste, dass ich ein Freund Alfreds war, hatte man mich ans Telefon gebeten.
Ich rief Dorothy, Piilanis Freundin und Vertraute, aus dem Tanzsaal zu mir, um mich mit ihr zu beraten, wie wir Piilani, die sich gerade auf der Tanzfläche amüsierte, die schreckliche Nachricht am schonendsten beibringen konnten. Wir baten einen Armeegeistlichen, sich unverzüglich in ein freies Zimmer des Hotels zu begeben. Dann führten wir Piilani mit den Worten zu ihm, dass dort eine wichtige persönliche Botschaft auf sie warte. Später vertraute mir Piilani an, dass sie in dem Moment, als ihr Blick das Kreuz am Kragen des Offiziers entdeckte, wusste, dass Alfred etwas Schlimmes zugestoßen sein musste.
Im Laufe der nächsten Wochen half ich Piilani, Alfreds nächste Angehörige von seinem Tod in Kenntnis zu setzen und sorgte für die Überführung seines Leichnams von Berlin nach New York. Piilani gab ihre Arbeit in Nürnberg auf, besuchte Alfreds Eltern und kehrte anschließend in ihre Heimat Hawaii zurück. Natürlich war es alles andere als leicht für sie, dort zur Ruhe zu kommen. Daher beschloss sie, gemeinsam mit Dorothy Fitzgerald nach Europa zurückzukehren, um französische Sprache und Literatur zu studieren, zunächst in der Schweiz, später ging sie dann nach Paris.
In jener Zeit besuchte ich sie häufig von Nürnberg aus. Ich stieg für gewöhnlich am Freitagabend in ein Schlafwagenabteil des Orientexpresses nach Paris, wo ich dann am Samstagmorgen ankam, um am Sonntagabend wieder den Zug zurück nach Nürnberg zu nehmen. Dem Schlafwagenschaffner drückte ich jedesmal zusammen mit meinem Reisepass ein großzügiges Trinkgeld in die Hand, damit er mich an der französischen Grenze, wo der Zug mitten in der Nacht Halt machte, nicht weckte. Piilani wohnte in Paris in einem kleinen Hotel in der Rue Jacob im Quartier Latin, unweit der Sorbonne und der Cafés des Boulevard Saint-Germain.
Diese Pariser Wochenenden mit Piilani vor dem malerischen Hintergrund des linken Seine-Ufers hatten ein ganz besonderes Flair. Wir flanierten an der Seine entlang, aßen morgens Croissants und Baguettes, am frühen Abend gönnten wir uns einen Aperitif, bevor wir in dem einen oder anderen Bistro gemütlich Essen gingen. Wir besuchten Museen und Galerien, stiegen den Montmartre zur Basilika Sacré Coeur hinauf und genossen die Zweisamkeit in der Stadt des Lichts. An diesen Wochenenden war ich so-

zusagen von Kopf bis Fuß von einer doppelten Liebe erfüllt – zu Piilani und zu Paris.
In jenen freien Tagen erwachte meine Leidenschaft für die französische Kultur und Sprache, die auch in späteren Jahren, als ich mehrfach zu Fortbildungen oder zu längeren Besuchen in Frankreich weilte, nicht erlöschen, sondern im Gegenteil beständig wachsen sollte.
Meine Beziehung zu Piilani war im Laufe der Zeit, nicht zuletzt durch das Trauma von Alfreds vorzeitigem Tod, gereift und inniger geworden; schließlich beschlossen wir zu heiraten. Bei der schlichten Hochzeitszeremonie im Quartier Latin im Rathaus des 6. Arrondissements waren nur zwei Freunde aus Nürnberg als Trauzeugen anwesend – ein britischer Korrespondent für die Nachrichtenagentur Reuters und ein Photograph des Magazins *Life*. Dorothy Fitzgerald stieß zu einem kleinen Umtrunk in der Bar des Hotels George V. am Champs Elyseés zu uns, dann brachen Piilani und ich zu unserer äußerst kurzen Hochzeitsreise über den Ärmelkanal nach London auf. Meine Verpflichtungen in Nürnberg erlaubten es mir nicht, länger fernzubleiben.
Nachdem sie ein paar bürokratische Hindernisse aus dem Weg geräumt hatte, konnte Piilani wieder als Gerichtsstenographin bei den Nürnberger Folgeprozessen anfangen, wir bekamen außerdem als Ehepaar ein gemütliches Haus im Nürnberger Vorort Darmbach zugewiesen. Das erste Jahr unserer Ehe spielte sich also in Deutschland ab, einem vernichtend geschlagenen und großflächig zerstörten Land, das nach wie vor von den siegreichen Alliierten besetzt war; beruflich war unser Leben von unseren jeweiligen Verpflichtungen bei den Prozessen geprägt.
Piilani schuf dank ihres Talents, stets die passenden Bilder, Möbel und allerlei schöne Kleinigkeiten auszuwählen, im Handumdrehen ein gemütliches Zuhause für uns. Beide arbeiteten wir viel und hart, und so konnten wir uns einen Lebensstandard leisten, der für ein derart junges Paar ungewöhnlich hoch war. Wir legten uns einen amerikanischen Neuwagen zu, eine rote Ford-Limousine, die wir in Den Haag abholten und eigenhändig nach Nürnberg überführten. Wir leisteten uns einen Chauffeur und ein Dienstmädchen, die uns im häuslichen Alltag unterstützten; beide blieben bis zum Ende unseres Aufenthalts in Deutschland bei uns.
Piilani, die eine warmherzige und einfallsreiche Gastgeberin war, lud häufig Kollegen und Kolleginnen zum Abendessen oder zu zwanglosen Partys zu uns nach Hause ein. Wir freundeten uns mit unseren deutschen Nachbarn an, die oft bei uns zu Gast waren; insbesondere zu der bereits erwähnten Familie Sterner entwickelte sich im Laufe der Jahre eine sehr enge Freundschaft. Dank unserer Tätigkeit hatten wir Zugang zur PX und den

übrigen Läden für Angehörige der US-Armee, und als die schlimmsten Nahrungsmittelengpässe vorbei waren, erweiterten wir unsere Speisekarte mit lokalen Produkten wie frischem Obst und Gemüse. In der unmittelbaren Nachkriegszeit gründete sich die deutsche Wirtschaft bekanntlich vor allem auf Tauschhandel – man konnte so jederzeit Zigaretten oder Fertigprodukte aus Amerika gegen Frischwaren eintauschen.

Abbildung 92: 22. März 1946: Hermann Göring im Zeugenstand; Piilani (im roten Kreis) schreibt seine Aussagen mit. Die Freundschaft zu ihr wuchs und führte zuletzt zu unserer Ehe.

Abbildung 93: Piilani schrieb auf die Rückseite dieses Fotos:
„Die Türme sind so ziemlich das Einzige, was von dieser herrlichen lutheranischen Kirche übrig blieb. Ich stehe auf dem Rasen eines ehemaligen Luftwaffenbüros."

Abbildung 94: Mit Piilani in unserer Unterkunft in Darmbach.

Abbildung 95: Piilani und Alfred Kornfeld neben seinem Dienstauto von *Time* Magazine.

Die Zeit nach Nürnberg – Meine erste Reise nach Hawaii

Mit dem Abschluss der Nachfolgeprozesse endete auch unsere berufliche Beschäftigung bei Gericht. Piilani und ich sahen uns vor die Frage gestellt, wie wir unsere gemeinsame Zukunft gestalten wollten. Wir widerstanden der Versuchung, auch weiterhin als zivile Mitarbeiter der US-Besatzungstruppen in Deutschland zu bleiben und alle Vorzüge einer solchen Tätigkeit, wie immer sie im Einzelnen aussehen mochten, zu genießen. Denn beide verspürten wir das Bedürfnis, irgendwo Wurzeln zu schlagen und ein ganz normales Leben zu führen – wobei wir freilich keine rechte Vorstellung davon hatten, wo genau wir hinwollten und wie ein solches Leben konkret aussehen sollte. Piilani war es wichtig, dass ich zunächst einmal ihre Familie auf Hawaii und die dortige Lebensart und Kultur kennen lernte. Ich war bereit zu diesem ersten Schritt in eine Zukunft, deren genauere Umrisse für mich genauso wie für Piilani noch im Dunklen lagen.
So kam es, dass uns unser Chauffeur nach dem Abschluss der Nürnberger Nachfolgeprozesse im Jahr 1949 mit dem Auto nach Hamburg brachte, wo wir uns mit nur zwölf weiteren Passagieren auf einem Frachtschiff mit Kurs quer über den Atlantik nach Staten Island, New York, einschifften. Wir hatten es sogar geschafft, unseren Dackel Pasha im Schlepptau mitzunehmen, der bald zum erklärten Liebling der Crew und sämtlicher Passagiere wurde. Wie Jahre zuvor die Überquerung des Ärmelkanals auf meinem Weg von Wien nach London blätterte auch diese Überfahrt ein neues Kapitel in meinem Leben auf: Die Reise führte mich diesmal von Europa in die USA, genauer gesagt nach Hawaii, das zu jener Zeit noch nicht zum US-Territorium gehörte, bevor es sich 1959 als 50. Bundesstaat zu den Vereinigten Staaten von Amerika gesellte.
In New York wartete bereits unser neues Auto auf uns, mit dem wir anschließend zu einer dreimonatigen Tour quer durch die USA aufbrachen, auf der wir verschiedene Freunde aus unserer Nürnberger Zeit besuchten, die über das ganze Land verstreut lebten. Immer wenn uns die Landschaft besonders sehenswert erschien, legten wir einen kurzen Aufenthalt ein, so z.B. in den Rocky Mountains, am Grand Canyon und an einigen Landstrichen der kalifornischen Pazifikküste. Für mich war diese Reise eine wunderbare Gelegenheit, zum einen die beeindruckende Größe und Vielfalt der USA kennen zu lernen und zum anderen die unaufdringliche Liebenswürdigkeit der Amerikaner, die wir unterwegs in Motels, Cafés oder Tankstellen trafen.
Was mich neben der grandios weiten Landschaft und den vielen Naturschönheiten des Landes am meisten beeindruckte, war die Ungezwungen-

heit und Gelassenheit der Amerikaner, mit denen wir uns auf unserer Fahrt quer durchs ganze Land unterhielten. Als jemand, der in den klaren Hierarchien und sozialen Abstufungen der europäischen Gesellschaft aufgewachsen war, verblüffte mich der egalitäre Geist, der hier allenthalben zu spüren war, gerade auch in der jovialen und ungezwungenen Art, mit der man uns überall willkommen hieß. Genau wie für jeden Amerikaner ist diese Einstellung heute für mich eine Selbstverständlichkeit, damals jedoch erschien sie mir als etwas gänzlich Neues und Überwältigendes.

Ursprünglich hatten wir geplant, von San Francisco aus mit der *Lurline*, einem Passagierdampfer, auf dem damals der Hauptteil des Personenverkehrs zwischen Hawaii und dem amerikanischen Festland erfolgte, den Pazifik zu überqueren – bis man uns davon in Kenntnis setzte, dass ein Streik der Hafenarbeiter derzeit alle Seereisen nach Hawaii unmöglich machte. Also bestiegen wir stattdessen einen so genannten Stratocruiser der Fluglinie Pan Am, ein mit zwei Decks versehenes Langstreckenflugzeug mit Propellerantrieb. Wir waren mehr als elf Stunden unterwegs, für die Länge des Nachtfluges wurden wir aber durch den ausgezeichneten Service beim Abendessen, die bequemen Schlafkojen im Oberdeck und das üppige Frühstück, das man uns vor der Landung auf Hawaii servierte, mehr als entschädigt. Heute – über 60 Jahre später – möchte man angesichts der technischen Entwicklung über die Erinnerung an diese Flugreise beinahe schmunzeln.

Abbildung 96: Ich stehe unten rechts an die Reeling des Schiffes *Cape Mohican* gelehnt, auf der wir im Sommer 1949 nach dem Ende der Nürnberger Prozesse von Hamburg aus den Atlantik überquerten. Die beiden abgebildeten Männer gehörten zur Besatzung. Die *Cape Mohican* war ein Frachter der US-Handelsmarine und während des Zweiten Weltkriegs im Mittelmeer und im Atlantik eingesetzt. Nach dem Krieg wurde sie wieder ein regulärer Stückgutfrachter, der neben seiner Fracht lediglich zwölf Passagiere transportierte.

Abbildung 97: Bei unserer Ankunft auf Hawaii.

Abbildung 98: Der Hafen von Honolulu im Jahre 1850. Auch wenn die Szene hundert Jahre vor meiner und Piilanils Ankunft spielte, erkennt man, dass die Inselgruppe bereits damals ein Zentrum des Überseehandels war. Die Punahou School, an der ich später unterrichtete, war 1841 gegründet worden. Damals hatte die Walfischindustrie, die Hawaii als Zentrum im Pazifik nutzte, Hochkonjunktur. Bald darauf wurde der Walfang vom Handel mit Zucker und Ananas abgelöst – und noch später vom Tourismus.

Hawaii – 1949 bis heute

Die ersten Jahre auf Hawaii

Durch Piilanis Eltern, Moses und Annie Ahuna, die uns in Honolulu am Flughafen abholten, lernte ich echte hawaiianische Gastfreundschaft kennen. Nicht nur, dass sie für uns in der Hauptstadt Honolulu (die auf der Insel Oahu liegt) eine Wohnung im Vorort Manoa gemietet hatten, in der ein üppig gefüllter Kühlschrank auf uns wartete, sie luden uns darüber hinaus ein, gemeinsam mit ihnen nach Hilo zu fliegen, sobald wir uns etwas von den Strapazen der weiten Reise erholt hätten. In Hilo nämlich, der wichtigsten Stadt der größten und für das ganze Archipel namensgebenden der hawaiianischen Inseln – deshalb für gewöhnlich einfach „Big Island" genannt – lebten meine Schwiegereltern und noch viele weitere Mitglieder der Familie Ahuna. Sie alle lernte ich bald persönlich kennen, von allen wurde ich herzlich aufgenommen. Dass mich, den aus Europa kommenden *haole*, sprich Fremden, das sehr freute, versteht sich von selbst. Piilanis Vater, der überall auf „Big Island" hoch angesehen war, hatte sich von seiner Position als Chefingenieur des inzwischen still gelegten hawaiianischen Eisenbahnnetzes in den Ruhestand verabschiedet und widmete sich nun ganz seiner Tätigkeit als Experte für die Entwicklung und Aufzucht einheimischer Pflanzen, insbesondere hawaiianischer Arzneipflanzen. Später unterrichtete er als Gastdozent für dieses Spezialgebiet an Community Colleges auf ganz Hawaii.

Moses Ahuna, ein waschechter Big-Island-Patriarch, nahm später nachhaltigen Einfluss auf die Erziehung seiner Enkelkinder, indem er ihnen ein sehr bewusstes Gefühl für ihre Identität als Hawaiianer und als Teil der hawaiianischen Kultur mit auf den Weg gab. Als Vertreter konservativer Wertvorstellungen war er ein Gegner jeder Form von „Affirmative Action". Dass bei den Stellenausschreibungen der Behörden und Kommunen bei gleicher Qualifikation automatisch die Bewerber aus der hawaiianischen Urbevölkerung bevorzugt wurden, gefiel ihm nicht. Er war der festen Überzeugung, die Hawaiianer sollten auf sich selbst gestellt und kraft eigener Leistung eine gleichrangige Position in der US-Gesellschaft erkämpfen. Zu seinem Freundeskreis zählten zahlreiche Hawaiianer mit japanischen Wurzeln, die ihn einmal sogar zum „Farmer des Jahres" wählten.

Piilanis Mutter unterrichtete Hawaiianisch an einer Grundschule in Hilo, und wie ihr Mann Moses war sie vom Gedanken des Dienstes an der Allgemeinheit durchdrungen. Piilani als älteste von sechs Geschwistern zeichnete sich durch ihre ausgeprägte Abenteuerlust aus, die sie letzten Endes auch zu den Nürnberger Prozessen nach Deutschland geführt hatte. Piilanis Vater zeigte mir das ganze Big Island und beeindruckte mich mit seinem umfangreichen Wissen über die Topographie der Insel und die ansässige Tier- und Pflanzenwelt; unter anderem vermochte er jeden einzelnen Lavastrom genau zu datieren. Und auch wenn er nie selbst die Bühne der Politik betrat, so wirkte er doch als Berater und Wahlkampfchef verschiedener politischer Kandidaten.

Abbildung 99: Piilanis Eltern Annie und Moses Ahuna vor ihrem Haus im Ort Hilo auf der Insel Hawaii.

Zunächst hatten Piilani und ich lediglich vorgehabt, ein paar Monate auf Hawaii zu bleiben, um uns dann auf dem US-amerikanischen Festland oder eventuell auch in England niederzulassen. Ich konnte mir einfach nicht vorstellen, dauerhaft auf Hawaii zu leben und zu arbeiten – einer winzigen Inselkette mitten in den Weiten des Pazifiks. Natürlich gefiel mir Hawaii mit seiner prächtigen Landschaft und seiner warmherzigen Bevölkerung sehr, aber ich fürchtete, dort vom Rest der Welt abgeschnitten zu sein. Bald erschien mir das Leben auf Hawaii jedoch in einem ganz anderen Licht. Hier trafen nämlich zwei Einflüsse aufeinander: die kulturelle Identität Polynesiens und die US-amerikanische Kultur und Lebensart. Die Insel war also keineswegs isoliert, sondern ein Knotenpunkt der Kommunikation und des Nachrichtenflusses mitten im Pazifik. Bald war ich fasziniert von der Vielfalt der Völker auf Hawaii, in der der gesamte Pazifikraum vertreten war. Hier konnte keine Rede von einem „Kampf der Kulturen" sein, vielmehr fand ich ein Neben- und Miteinander verschiedenster ethnischer Gruppen vor. Dabei schuf die traditionelle Gastfreundlichkeit der auf Hawaii ansässigen polynesischen Kultur eine Art großer Familie: das, was man auf Hawaiianisch *ohana* nennt, ein Begriff, der Familie und Gemeinschaftssinn umfasst.

Hawaiis Geschichte ist an Turbulenzen keineswegs arm. Sie reicht von der Zeit der polynesischen Stammesfürstentümer über die Einigung der Inseln unter König Kamehameha bis zum Untergang der Monarchie und zu der bald darauf erfolgten Eingliederung in die Vereinigten Staaten, die zuletzt darin mündete, dass die Insel als fünfzigster amerikanischer Bundesstaat in den Staatenbund aufgenommen wurde. Dennoch war und ist Hawaii als eine Inselgesellschaft, die der Vielfalt Raum gibt und in der die verschiedensten Kulturen friedvoll zusammenleben, ein Musterbeispiel für soziale Eintracht.

Zweifellos liegt mein ausgeprägtes Interesse an den Kulturen des Pazifiks und Asiens in diesen positiven ersten Erlebnissen auf Hawaii begründet. Sie führten letztlich dazu, dass ich als Lehrer an einer hawaiianischen Schule arbeitete, mich für die Gesellschaft der Inseln engagierte und ausgedehnte Reisen im gesamten Asien-Pazifik-Raum unternahm. Eines meiner Hauptanliegen war es damals, meine unterbrochene Weiterbildung wieder aufzunehmen und einen Universitätsabschluss zu erwerben. Die Universität von Hawaii in Honolulu hat im Aufbaustudium eine Vielfalt interessanter Kurse mit Schwerpunkt auf den Kulturen und Sprachen des Asien-Pazifik-Raums angeboten. Das Zusammenspiel dieser Punkte bewog uns schließlich dazu, auf Hawaii zu bleiben. Piilani fand schnell eine Stelle in der Militärgerichtsbarkeit des US-Marinestützpunkts Pearl Harbor, ich wiederum schrieb mich an der Universität von Hawaii ein.

Ich belegte dort unter anderem einen Grundkurs in Mandarin, obwohl ich damals noch nicht hatte ahnen können, dass ich später einmal intensive Kontakte mit China pflegen würde. Ich trat dem Debattierklub der Universität bei und schloss bald enge Freundschaften zu anderen Mitgliedern wie mit dem späteren Bürgermeister des Big Island. Gemeinsam mit einem weiteren Mitglied des Clubs, der später Richter am Hawaiianischen Obersten Gericht werden sollte, wurde ich ausgewählt, die Universität von Hawaii bei einer dem Debattieren gewidmeten Reise zu vertreten, die uns zu verschiedenen US-amerikanischen Universitäten auf dem Festland führte. Mein Kollege und ich verfochten bei jeder Debatte als Fürsprecher die These, dass die Vereinigten Staaten mit den Nationen der Pazifikregion enge wirtschaftliche und sicherheitspolitische Bindungen eingehen sollten, ähnlich den Strukturen, wie sie später in Gestalt der NATO zwischen Nordamerika und Europa entstehen sollten.

Führt man sich vor Augen, dass man zu jener Zeit das Jahr 1950 schrieb, liegt sogleich auf der Hand, wie visionär (oder illusorisch) dieser Wunsch nach umfassender Zusammenarbeit in den Bereichen Wirtschaft und Verteidigung zwischen den USA und den Nationen der Pazifikregion war. In China hatte gerade die kommunistische Partei das Ruder übernommen, durch einen Umsturz, den man dort als Befreiungskrieg bezeichnete. Der Koreakrieg war bereits in vollem Gange, Japan dagegen war nach wie vor von US-Truppen besetzt – sprich ganz Asien befand sich in einem Transformationsprozess. Da sich das Hauptquartier des Pazifikkommandos der Vereinigten Staaten in Pearl Harbor befand, spielte Hawaii eine entscheidende Rolle in den strategischen und politischen Planungen der USA. In den internationalen Beziehungen, die vom Kalten Krieg geprägt waren, nahm Asien eine ganz wichtige Stellung ein. All das nährte meine Überzeugung, dass Hawaii keineswegs vom Weltgeschehen abgeschnitten war, sondern sich vielmehr in dessen Zentrum befand.

Immer wieder wurde ich von in Honolulu ansässigen Vereinen oder Organisationen gebeten, doch Vorträge über meine Erfahrungen bei den Nürnberger Prozessen oder andere europaspezifische Themen zu halten. Ein örtlicher Radiosender bat mich um meine Mitarbeit bei einer Reihe von Reportagen über internationale Persönlichkeiten und Ereignisse; in diesem Rahmen hatte ich bis zu einem festgelegten Sendetermin Textvorlagen zu erstellen, die im Grunde genommen einen ausführlichen Vortrag über ein bestimmtes Thema darstellten. Diese Radio-Features übertrafen an Tiefe und Gründlichkeit der Darstellung alles, was man heute, in der Zeit des Newsflash, kennt und gewöhnt ist.

Masterarbeit an der Universität von Hawaii

Die Seminare mit dem Schwerpunkt Politikwissenschaften, die ich an der Universität besuchte, mündeten schließlich in meiner Masterarbeit, die den Titel trug: „The MacArthur Constitution: A Study of Japanese Attitudes towards Revision" („Die MacArthur-Verfassung: Die Einstellung der Japaner zu Verfassungsänderungen"). Diese Abschlussarbeit stand am Anfang meines Interesses für die japanische Gesellschaft, das sich später noch steigern sollte und bis heute unvermindert stark anhält. Interessanterweise spielt die Frage des Für und Wider von Verfassungsänderungen auch heute noch, ein halbes Jahrhundert später, eine wichtige Rolle in der japanischen Politik.

Da ich die Situation im besetzten Nachkriegsdeutschland aus eigener Erfahrung kannte, war ich in der Lage, ähnliche oder gegenläufige Entwicklungen in Japan herauszuarbeiten, womit sich mir ein fruchtbares Feld für meine Forschungsarbeiten erschloss. Beide Staaten hatten sich vom militaristisch geprägten Monarchismus der Vorkriegszeit und der Expansions- und Aggressionspolitik, die in den Zweiten Weltkrieg geführt hatte, entfernt und sich für die Demokratie entschieden. Die Tokioter Prozesse gegen die politische und militärische Führungselite Japans, die ein Jahr nach den Nürnberger Prozessen begannen, gründeten auf der Nürnberger Charta und führten letztlich zu vergleichbaren Verurteilungen und Strafmaßen.

Während jedoch Deutschland gänzlich mit seiner nationalsozialistischen Vergangenheit gebrochen hatte, blieb das Anknüpfen an die imperialistisch-militaristische Vergangenheit in Japan vergleichsweise stärker ausgeprägt, zumal die japanische Infrastruktur nach Kriegsende trotz der Atombombenabwürfe über Hiroshima und Nagasaki im Großen und Ganzen intakt geblieben war. Um der inneren Stabilität und historischen Kontinuität des Landes willen blieb das Kaisertum – wenngleich unter Aufgabe der Doktrin des göttlichen Status des Kaisers – auch in der Nachkriegsverfassung verankert. Des Weiteren konnten zahlreiche Mitglieder der wirtschaftlichen und politischen Elite Japans nach Kriegsende wieder in ihre früheren Positionen zurückkehren.

Selbst heute ist die Einstellung des Landes zu jener Phase seiner Geschichte, die in den Zweiten Weltkrieg mündete, nach wie vor nicht unproblematisch; insbesondere die wiederholten Besuche hochrangiger japanischer Politiker am Yasukuni-Schrein, in dem das Gedächtnis einer ganzen Reihe verurteilter Kriegsverbrecher geehrt wird, stoßen im Inland wie im Ausland auf Kritik. Auch die umstrittene Regelung einer finanziellen Entschädigung der koreanischen so genannten „Trostfrauen" – sprich der in den Bordellen der japanischen Soldaten zwangsprostituierten Frauen und Mädchen – stellt eine Dauerbelastung für die Beziehung zwischen Korea und Japan dar. Es wird wohl noch mindestens eine Generation ins Land gehen, bis man für diese und andere strittigen Fragen eine abschließende Lösung gefunden haben wird und die Japaner mit ihrer Vergangenheit im Reinen sein werden.

Lehrer an der Punahou School auf Hawaii

Noch während meines Studiums an der Universität von Hawaii sprach mich der Direktor der renommierten privaten Punahou School an, ob ich ab dem folgenden Semester in Teilzeit einen Grundkurs Deutsch an seiner Schule unterrichten wollte. Wie vielerorts in den USA hatte man auch an seiner Schule während des Zweiten Weltkriegs den Deutschunterricht aufgegeben und machte sich nun daran, diese Tradition wieder aufzunehmen. Ein Ausflug in die Schulwelt erschien mir verlockend, daher nahm ich sein Angebot gerne an.
Der an den Hängen des Manoa-Tals der Insel O'ahu wunderschön gelegene Campus der Schule verfügt über ausgezeichnete Sportanlagen mit großen Sportplätzen und weist eine Reihe stattlicher Gebäude auf, die zum Teil noch auf das 19. Jahrhundert zurückgehen. Die Schule wurde 1841 von protestantischen Missionaren gegründet und ist inzwischen eine der größten und angesehensten „preparatory schools", Privatschulen, in denen zielgerichtet auf das College vorbereitet wird. Einer der wohl bekanntesten Absolventen der Schule ist der heutige US-Präsident Barack Obama. Er wuchs auf Hawaii auf und besuchte die Schule bis zu seinem Highschool-Abschluss im Jahr 1979.
Uns machte man damals das Angebot, eine Unterkunft auf dem Campus zu beziehen, die den zusätzlichen Vorteil hatte, dass sie nur einen Katzensprung von den Unterrichtsräumen entfernt lag.
Schon bald war meine Tätigkeit an der Punahou School viel mehr für mich als nur eine Arbeit auf Zeit. Ich fand Gefallen am tagtäglichen Kontakt mit den aufgeschlossenen, eifrigen Schülern sowie den bestens motivierten und sehr anregenden Kollegen, genoss aber vor allem die anspruchsvolle, jedoch lohnende Tätigkeit des Unterrichtens. Als man mich fragte, ob ich ab dem nächsten Schuljahr in Vollzeit an der Schule tätig sein und neben Deutsch auch Französisch unterrichten wollte, hegte ich keinerlei Zweifel daran, meine Berufung gefunden zu haben – eine Überzeugung, die von der inspirierenden Atmosphäre an der Schule bekräftigt wurde. Meine Unterschrift unter dem Anstellungsvertrag war der Startpunkt einer 44 Jahre währenden Laufbahn als Lehrer an einer großartigen Bildungseinrichtung, die tief in der hawaiianischen Geschichte und Kultur verwurzelt ist.
Angesichts seiner Gründung durch Missionare aus New England erinnert Punahou in so manchem an traditionsreiche Privatschulen wie Andover oder Exeter, gleichzeitig gemahnt es aber auch an „städtische" und daher heterogenere, trotzdem finanziell gut gestellte staatliche Schulen wie die Scarsdale-Schule im Staat New York oder die Shaker Heights-Highschool

in Cleveland, Ohio. Ich habe im Laufe der Jahre die sozusagen janusköpfige Besonderheit des Klimas von Punahou ungemein schätzen gelernt: es herrscht dort eine sehr lebendige Atmosphäre, weil man den Schülern einerseits Loyalität und andere ethische Werte vermittelt, wie sie der langen Tradition der Schule entstammen, der Unterricht andererseits aber auch auf ein sehr anregendes städtisches Umfeld Bezug nehmen kann.
Unter ihrem Schulleiter Dr. John Fox lockerte die Schule überdies ihre Aufnahmebedingungen, sodass die Schülerschaft heute nicht mehr wie früher überwiegend weiß ist, sondern im Gegenteil die ganze ethnische Vielfalt Hawaiis widerspiegelt. Auch die Amtsnachfolger von John Fox, die Direktoren Dr. Roderick McPhee und Dr. James Scott, setzten diesen eingeschlagenen Weg an der Schule fort. Präsident Barack Obama ist das wohl bekannteste Beispiel dafür.
Dr. John Fox hatte sich große Pläne zur Entwicklung und Verbesserung der Schule vorgenommen. Er war von dem unbedingten Ehrgeiz erfüllt, Punahou sowohl was die akademischen als auch die sportlichen Leistungen der Schüler anbetraf, an die Spitze der privaten Schulen der USA zu bringen. Dr. Fox und ebenso seine Nachfolger ließen mir dabei bei der Gestaltung meines Unterrichts und der Entwicklung neuer Sprachkurse völlig freie Hand.
Als ich 1951 an Punahou zu unterrichten begann, war das Angebot an Fremdsprachenunterricht alles andere als üppig: Es gab lediglich auf je zwei Jahre angelegte Programme für Französisch und Latein, hinzu kam der bereits erwähnte Neubeginn beim Deutschunterricht. Bereits wenige Jahre nachdem ich meine Lehrtätigkeit aufgenommen hatte, übernahm ich die Leitung des Fachbereichs Fremdsprachen. Ich sah mich jetzt großen Herausforderungen gegenüber: Das Fremdsprachenangebot musste ausgebaut werden, um den Schülern mehr Wahlmöglichkeiten zu bieten; in diesem Sinne war das Angebot auch auf asiatische Sprachen, insbesondere Japanisch und Chinesisch, zu erweitern. Intensität und Qualität des Sprachunterrichts mussten durch die Erhöhung von bislang zwei Jahren auf drei, vier und mehr Jahre gesteigert werden. Des Weiteren waren die Lehrmethoden dringend auf den neuesten Stand zu bringen, so musste der Sprachunterricht als ein Vehikel zwischenmenschlicher Kommunikation und interkultureller Verständigung begriffen werden, und nicht zuletzt war es von allergrößter Bedeutung, hochqualifizierte Sprachlehrer an die Schule zu holen, Lehrer, die einen hohen Standard verträten und die Schüler zu guten Leistungen motivieren würden. Im Laufe der Jahre war es mir vergönnt, auf all diesen Gebieten nennenswerte Fortschritte zu erzielen.

Grundlegend für mein Verständnis eines ebenso inspirierten wie fundierten Fremdsprachenunterrichts war immer der Akzent auf der authentischen Vermittlung der fremden Kultur. Es ging mir also stets darum, die fremde Sprache mittels Kommunikation und Gespräch lebendig zu machen, daher legte ich von der ersten Unterrichtsstunde an Wert auf die gesprochene Sprache. Um die Freude der Schüler am Erlernen fremder Sprachen zu wecken, führte ich bald audiovisuelle Hilfsmittel wie Filme und Hörkassetten ein, lud Vertreter fremder Länder in den Unterricht ein und legte ergänzend den Grundstein für ein Austauschprogramm mit Schulen des Pazifikraums und Europas, das den genannten Anliegen nur förderlich sein konnte.

Ich war zudem fest davon überzeugt, dass jeder kompetente und erfolgreiche Sprachlehrer die jeweilige Kultur möglichst authentisch verkörpern musste – ein Konzept, das natürlich Muttersprachler am besten umsetzen konnten. Diese Überzeugung, so sinnvoll sie auch sein mochte, brachte für mich als Leiter des Fachbereichs Fremdsprachen die eine oder andere Schwierigkeit mit sich. So besaßen manche der aus Europa oder Asien stammenden Lehrer und Lehrerinnen, die ich an die Schule holte, keinerlei Erfahrung mit der Kultur Hawaiis bzw. der Vereinigten Staaten und hatten von daher einige Mühe, sich in die Schüler und die an einer amerikanischen Schule herrschende Atmosphäre hineinzudenken. Aber im Laufe der Zeit gelang es den meisten dieser Pädagogen, sich gut einzuleben und die Wertschätzung oder gar die Zuneigung ihrer Schüler zu gewinnen.

Als ich an der Schule zu unterrichten begann, bestand für Schüler noch die Möglichkeit, im Internat auf dem Campus zu wohnen. Ich erinnere mich noch an manch langen Abend, an dem ich Schülern bei den Hausaufgaben oder mit zusätzlichen Nachhilfelektionen half. Die Schule nahm damit all meine Zeit und Energie in Beschlag: Ich musste den Unterricht vorbereiten und halten, die Stundenpläne koordinieren, Aufsätze und Klassenarbeiten korrigieren, an Lehrerkonferenzen teilnehmen oder Diskussionsveranstaltungen mit Schülern leiten; darüber hinaus beriet ich die Schüler bei der Auswahl der über den Pflichtunterricht hinausgehenden Aktivitäten und Lehrangebote.

Je umfangreicher das Fremdsprachenprogramm wurde, desto intensiver gestalteten sich meine Unterrichtsvorbereitungen. Zu meinen Aufgaben gehörte es bald auch, Überblicksdarstellungen der deutschen und französischen Literatur für die AP-Programme zu erstellen, das heißt für die Kurse, in welchen die Schüler gezielt auf das College vorbereitet werden. Für mich als Lehrer wie auch für meine Schüler in den collegevorbereitenden Kursen bedeutete das gründliche Lektüre französischer und deutscher Literatur, insbesondere von Romanen und Gedichten, einschließlich der Vorbereitung auf die Diskussion der ausgewählten Werke im Unterricht. Oftmals las selbst ich das betreffende literarische Meisterwerk zum allersten Mal! Indem ich meinen Schülern dabei immer einen Schritt vorausblieb, gingen Lehren und Lernen für mich Hand in Hand. Ich hatte große Freude an diesen Kursen und hoffte nur, dass ich diese Freude auch an meine Schüler weitergeben konnte.

Abbildung 100: Als ich 1951 eine Stelle als Lehrer an der Punahou School bekam, eröffnete mir dies eine Laufbahn im Bildungswesen und auch im Gemeindeleben Hawaiis. Die hier abgebildete Old School Hall wurde 1852 erbaut und beherbergt bis heute Klassenzimmer im Herzen des 30 Hektar (76 acres) großen Schulgeländes. Punahou, was im Hawaiianischen „neue Quelle" bedeutet, wurde 1841 von Missionaren aus Neuengland als Schule für die eigenen Kinder gegründet. Im Laufe der Jahrzehnte wuchs die Schülerzahl auf heute 3.700 Schüler in der Primar- und der Sekundarstufe, die gleichzeitig die multiethnische Zusammensetzung der Bevölkerung des Archipels widerspiegelt. Die Punahou School zählt heute zu den besten Privatschulen der Vereinigten Staaten von Amerika; der Unterricht folgt einem strengen und als Vorbereitung auf ein Hochschulstudium ausgerichteten Lehrplan, ergänzend setzt die Schule auf ein breit gefächertes Angebot in den Bereichen Kunst und Sport. Im Heft vom Mai 2008 bezeichnete die Zeitschrift *Sports Illustrated* das Sportprogramm an der Punahou School als das beste in ganz Amerika. Einer der bekanntesten Absolventen der Schule ist der heutige U.S.-Präsident Barack Obama.

Meine vielfältigen schulischen Verpflichtungen stellten eine schmerzliche Belastung für meine Ehe dar. Oft hatte ich keine Zeit, wenn Piilani mit mir ins Kino gehen oder Freunde besuchen wollte, da ich noch Aufsätze zu verbessern hatte oder den Unterricht für den nächsten Tag zusammenstellen musste. Ich erinnere mich noch gut, wie Piilani eines Tages völlig frustriert rief: „Mit wem bist du eigentlich verheiratet? Mit mir oder mit deiner Schule?" Schließlich begriff ich, dass ich ein besseres Gleichgewicht zwischen meinem Privatleben und meinen beruflichen Verpflichtungen finden musste. Meine „Lösung" für das Dilemma sah oft genug so aus, dass ich morgens gegen drei oder vier Uhr aufstand, um den Unterricht vorzubereiten; nur so hatte ich an den Abenden Zeit für meine Familie.

Abbildung 101: Ich beim Französischunterricht an der Punahou School. Auf der Tafel stehen Übungsarbeiten der Schüler.

Abbildung 102: 1965 im Kreis von Kollegen an der Punahou School aus dem Bereich Fremdsprachen.

Familie und Freunde auf Hawaii

Als unser Sohn David 1951 geboren wurde, änderte sich unser Leben grundlegend; ihm folgten bald darauf unsere Tochter Dita, unser zweiter Sohn Larry und, mit etwas Abstand, 1961 Malia, unsere jüngste Tochter. Alle vier verbrachten ihre Kindheit in unserer Dienstwohnung auf dem Campus von Punahou und gingen dort auch zur Schule. Sie alle entwickelten sich zu eigenständigen und unverwechselbaren Persönlichkeiten mit einem überaus bewussten Bezug zu ihren hawaiianischen Wurzeln. Zusammen mit einer Gruppe weiterer Kinder von Kollegen, die ebenfalls auf dem Campus wohnten, genoss unser Nachwuchs das Vorrecht, alle sportlichen Einrichtungen, insbesondere den Swimmingpool und die Ballspielplätze, nutzen zu können. Aus diesem Grüppchen entwickelten sich enge Freundschaften, die bis heute Bestand haben. Natürlich standen unsere Kinder als Lehrerssprösslinge unter einem besonderen Druck, erwartete man von ihnen doch allzeit vorbildliches Verhalten und außergewöhnliche schulische Leistungen. Insbesondere unserem jüngeren Sohn Larry, der unter gewissen Lernschwierigkeiten litt, hätte eine entspanntere schulische Atmosphäre mit „milderem" Erwartungsdruck gut getan. In den Ferien, insbesondere während der langen Sommerpausen, brachten wir die Kinder oft zu den Großeltern nach Hilo. David und Dita hatten ganz im Geiste der 1960er Jahre eine Vorliebe für das dortige ländliche Leben entwickelt, fern ab vom Trubel der Hauptstadt Honolulu.

Denke ich an diese Zeit zurück, als wir gemeinsam mit unseren Kindern auf dem Campus lebten, sehe ich vor allem meine drei unterschiedlichen Rollen als Ehemann, Vater und Lehrer vor mir. Oft waren mir meine Aufgaben als Lehrer und Mitglied der Schulgemeinschaft wichtiger als alle familiären Verpflichtungen, was gelegentlich zu Spannungen mit Piilani führte. Meine Frau, die durchaus temperamentvoll im Umgang mit den Kindern war, hatte oft das Gefühl, dass ich sie bei der Kindererziehung und im Haushalt nicht ausreichend unterstützte. Diese Konflikte häuften sich, als unsere Kinder in der aufrührerischen Atmosphäre der sechziger Jahre in die Pubertät kamen. Unsere jüngste Tochter Malia, geboren 1961, wuchs in einer weitaus entspannteren Stimmung als ihre älteren Geschwister auf – sie entwickelte sich bereits in ihrer Zeit an Punahou prächtig und war auch in ihrer späteren akademischen Laufbahn sehr erfolgreich.

David, unser Ältester, zog nach seinem Highschool-Abschluss an Punahou auf das Big Island. Dort nahm er den hawaiianischen Vornamen Kawika an, gründete eine Familie und war als Bauunternehmer tätig. Auch unsere ältere Tochter Dita übersiedelte auf das Big Island und erwarb ihren Bachelor an der Universität von Hawaii in Hilo. Tief in der Kultur ihrer hawaiianischen Heimat verwurzelt, pflegte sie eine sehr innige Beziehung zu ihren Großeltern und einem Kreis von Freunden aus ihrer Schulzeit, von denen sich einige ebenfalls auf dem Big Island niedergelassen hatten. Nachdem Dita aber gleichermaßen eine große Liebe zur Literatur und zum Unterrichten verspürte, entschloss sie sich zu einer Laufbahn im Bildungswesen. Sie kehrte nach Honolulu zurück, schloss dort ein Studium der Bibliothekswissenschaften ab und fand schließlich ihre Berufung als Bibliothekarin an der Punahou School. Dita baute für sich und ihre Familie ein Haus direkt neben dem unseren im Maunawili Valley auf der Windseite von Oahu, wo ihre zwei Kinder aufwuchsen.

Unser zweiter Sohn Larry hatte bereits in früher Jugend mit gesundheitlichen Problemen zu kämpfen, die mit einer ausgeprägten Aufmerksamkeitsstörung einhergingen und es ihm daher schwer machten, sich auf den Unterricht zu konzentrieren. Diese Probleme stellen auch weiterhin eine Belastung für ihn da, obwohl sein Gesundheitszustand dank der Einnahme von Medikamenten inzwischen ausgeglichen ist. Larry lebt und arbeitet nun seit vielen Jahren auf einer Farm im Hinterland von Oahu.

Malia, unser jüngstes Kind, machte an der Punahou School ihren Highschool-Abschluss und ging anschließend an die Universität von Kalifornien in Berkeley. Dort erwarb sie einen Bachelorabschluss, dem sie zwei *graduate*-Examina in den Fächern Sozialarbeit und Gesundheitswesen folgen ließ. Im Zentrum ihrer wissenschaftlichen Arbeit steht die frühkindliche Entwicklung mit besonderem Augenmerk auf den Tätigkeitsbereichen Gesundheitserziehung und Kinderbetreuung. Zusammen mit ihrem Mann, der in Berkeley lehrt, und ihren beiden Töchtern führt Malia ein erfülltes Leben in Kalifornien, sowohl was ihren Berufsalltag als auch ihr Familienleben betrifft.

Solange unsere Kinder noch klein waren und Piilani auf dem Marinestützpunkt in Pearl Harbor arbeitete, hatten wir eine Reihe von Hausmädchen auf Au-Pair-Basis engagiert, die bei uns in der Familie lebten. Eines dieser Mädchen, Darlene, stammte von den mikronesischen Marshallinseln und verbrachte viele Jahre bei uns. Sie galt bald als Familienmitglied, vor allem unsere Kinder betrachteten sie als eine Art ältere Schwester.

Nachdem Darlene auf Hawaii ihren Abschluss in Gesundheitswesen erworben hatte, kehrte sie nach Mikronesien zurück. Dort war sie in der Arbeit mit Jugendlichen aktiv und wurde zur führenden Sprecherin der Antiatomkraft-Bewegung im Pazifik. Tragischerweise verstarb Darlene sehr früh an Brustkrebs, der vermutlich auf die bis heute anhaltende Strahlenbelastung zurückzuführen ist, der ihre pazifische Heimat seit den amerikanischen Kernwaffentests auf den Bikini- und Eniwetok-Atolle ausgesetzt ist. Dank Piilanis warmherzigem und gastfreundlichem Wesen hatten wir einen äußerst regen Freundes- und Bekanntenkreis; in unserem Heim auf dem Campus hießen wir gern und oft eine Vielzahl von Gästen zu Dinnerpartys und anderen geselligen Gelegenheiten willkommen. Unserer Beziehung tat das gesellschaftliche Leben, das wir führten, ausgesprochen gut. Neben unserem Familienkreis hatten wir zahlreiche Freunde und Bekannte in Honolulu und Umgebung. Das kulturelle Leben der Hauptstadt war damals gerade im Aufblühen begriffen und verfügte bereits über so gewichtige kulturelle Einrichtungen wie das Symphonieorchester und die Akademie der Künste. Als Hawaii 1959 als fünfzigster Bundesstaat in die Föderation der Vereinigten Staaten aufgenommen wurde, nahm Piilani dies mit recht gemischten Gefühlen auf, genau wie manch anderer unserer hawaiianischen Freunde. Sie alle befürchteten, das Leben auf den Inseln könnte sich stark verändern und stärker an wirtschaftlichen Interessen ausgerichtet werden, was letztlich zur Entfremdung der Einheimischen von ihrer Heimat führen könnte. Ich als geborener Europäer hingegen begrüßte die Tatsache, dass Hawaii nun als Bundesstaat im US-Kongress vertreten war. Ich war der festen Überzeugung, dass sich die hawaiianische Lebensart und Kultur selbst als Teil des größeren Ganzen der Vereinigten Staaten von Amerika bewahren lassen und behaupten würde.

Abbildung 103: 1962 mit meiner Familie. Das Foto besteht aus drei Aufnahmen und zeigt daher Malia zweimal, einmal auf dem Arm der Mutter, einmal auf dem des Vaters. Von links nach rechts: Ich trage Malia, dann David, Dita und Larry und schließlich Piilani mit Malia im Arm.

Abbildung 104: David zeigt stolz die Ausgabe des *Honolulu Star-Bulletin* vom 21. August 1959, an dem Hawaii als fünfzigster Bundesstaat in die Vereinigten Staaten von Amerika aufgenommen wurde.

Abbildung 105: Mit Darlene Keju von der Insel Ebeye.

Punahou knüpft Kontakte in alle Welt

Mein größtes Anliegen als Lehrer war es, den Unterricht im Klassenzimmer mit der Gesellschaft außerhalb der Schule zu vernetzen – und zwar auf lokaler, landesweiter wie auch internationaler Ebene. Als Französischlehrer war es mir daher sehr wichtig, meinen Schülern die Gelegenheit zu geben, das erworbene Wissen fernab der Schule auszuprobieren und entsprechende außerschulische „Erfolgserlebnisse" zu sammeln. Zusammen mit anderen Freunden der französischen Kultur gründete ich deshalb den hawaiianischen Zweig der *Alliance Française*, einer Vereinigung mit Sitz in Paris, die sich die Verbreitung des Französischen im Ausland zum Ziel gesetzt hat. Mit finanzieller Unterstützung der Alliance brachten wir in Honolulu Klassiker des französischen Theaters in hoher Qualität auf die Bühne, die der gesamten interessierten Öffentlichkeit offenstanden. Auch luden wir zu Vorträgen und Lesungen auf Französisch ein und vergaben Sommerstipendien für Französischlehrer, die dann an französischen Universitäten Weiterbildungen erhielten.

Unser Programm war bunt gemischt – wir holten so unterschiedliche Persönlichkeiten wie den Philosophen Gabriel Marcel und den Schauspieler und Chansonnier Maurice Chevalier nach Honolulu. Chevalier beispielsweise hielt sich zu jener Zeit gerade mit seiner Ein-Mann-Bühnenshow in Honolulu auf. An einem unvergesslichen Abend trat er zusätzlich im Dillingham-Saal unserer Schule auf, als sprichwörtlichen Charmeur hatte ihn vielleicht die Aussicht auf eine Schar attraktiver Schülerinnen unterschiedlichster Abstammung auf die Bühne gelockt. Robert Luc, damals seines Zeichens französischer Generalkonsul in San Francisco, unterstützte mich bei meinen verschiedenen Bemühungen nach Kräften, mit der Zeit wurden wir gute Freunde.

Abbildung 106: Ich im Gespräch mit Maurice Chevalier bei dessen Besuch an der Punahou School im Rahmen eines Programms der Alliance Française, die dazu beitragen will, den Französischunterricht für die Schüler möglichst lebendig zu gestalten. Ein Assistent kümmert sich um die Strohhüte, die Chevalier traditionell bei seinen Auftritten trug.

Woher rührte denn nun eigentlich meine Leidenschaft für die französische Kultur und Sprache sowie ihre Vermittlung? Letztlich geht diese Passion auf die Kurse in französischer Sprache und Literatur zurück, die ich in meiner Londoner Zeit besuchte; einen weiteren Anschub bekam diese Frankophilie, als ich später in Paris an der Sorbonne studierte. Schon während meiner Jahre als Übersetzer bei den Nürnberger Prozessen unternahm ich während der Gerichtspausen gerne Reisen nach Frankreich. Als Lehrer an der Punahou-School knüpfte ich enge Kontakte zu Schulen und offiziellen Stellen in Französisch-Polynesien und hob diverse Bildungskooperationen und Schüleraustauschprogramme mit diesem Land aus der Taufe.
Aber zurück zu meiner Ausgangsfrage: Während ich mich dem Deutschen als meiner Muttersprache von Geburt an verbunden fühle und die englische Sprache quasi meiner tagtäglichen Verständigung dient, ist das Französische die Sprache meiner freien Wahl und stellt den Schlüssel zum Reichtum der französischen Literatur und zum Gespräch mit meinen französischsprachigen Freunden dar. Die *Alliance Française* auf Hawaii bot und bietet meiner Liebe zur französischen Sprache und Kultur dank ihrer vielfältigen Veranstaltungen stets neuen Nährboden. In Anerkennung meiner zahlreichen Aktivitäten für die Förderung der französischen Kultur durch die Gründung der *Alliance Française* auf Hawaii und durch meine Arbeit als Lehrer und Vermittler im Allgemeinen wurden mir von der französischen Regierung zwei Auszeichnungen verliehen: der „Chevalier dans l'Ordre des Palmes Academiques" (1965) sowie der „Ordre National du Mérite" (1993).
Die Vernetzung Punahous konnte ich durch weitere Verpflichtungen und Aufgaben, die mir oblagen, Stück für Stück vorantreiben und unterstützen: Ich stand dem Debattierklub beratend zur Seite und ebenso dem *Model United Nations*-Programm, einem Bildungsprogramm der Vereinten Nationen. Des Weiteren war ich federführend daran beteiligt, dass sich unsere Punahou-School sehr früh beim Highschool-Programm des noch immer wirkenden *Pacific and Asian Affairs Council* (PAAC) beteiligte, einer privaten Nonprofit-Bildungsorganisation, die auf die spezielle Rolle Hawaiis im Asien-Pazifik-Raum aufmerksam machen möchte und zu diesem Zweck verstärkt auf Schüleraustausch setzt. Durch diese Tätigkeiten hatte ich die Gelegenheit, einige ganz außergewöhnliche Schüler kennen zu lernen. An ein Projekt erinnere ich mich besonders gerne zurück: Die Tageszeitung *Honolulu Advertiser* veranstaltete in Kooperation mit dem PAAC einen Forschungswettbewerb, bei dem sich alle Schulen Hawaiis mit einem Beitrag zu einem aktuellen außenpolitischen Thema bewerben konnten. Das Thema, welches sich das Team unserer Schule zur Bearbeitung ausgewählt

hatte, lautete: „Die Außenpolitik Rotchinas aus chinesischer Perspektive", wobei „Rotchina" ein damals noch gebräuchlicher Terminus für das kommunistische China in Abgrenzung zu Taiwan war. Unter meiner Anleitung recherchierte das fünfköpfige Team mit nicht zu brechendem Eifer Primärquellen und bearbeitete das Thema gründlichst aus den unterschiedlichsten Blickwinkeln. Die Schüler verbrachten zahlreiche Wochenenden bei uns zu Hause, wo wir gemeinsam an dem Projekt arbeiteten und Piilani Projektentwurf um Projektentwurf abtippte. Der beharrliche Fleiß der Schüler wurde zuletzt mit dem Gewinn des ersten Preises im ganzen Staat Hawaii belohnt. Dieser Sieg war mit einer Einladung nach Washington zu den hawaiianischen Kongressabgeordneten sowie in das UN-Hauptquartier nach New York verbunden.

Abbildung 107: Schüler der Punahou School im April 1961 mit Kongressangehörigen aus Hawaii. Von links nach rechts: Ich, Galen Fox, Stuart Kiang, Senator Hiram Fong, Robert Yoshioka, Senator Oren E. Long, Brian Lederer, Abgeordneter Daniel Inouye und John Goodbody.

In Washington trafen die Schüler und ich auf Lyndon B. Johnson, den amerikanischen Vizepräsidenten und späteren Präsidenten, Sam Rayburn, den

Sprecher des Abgeordnetenhauses, und Thomas Dodd, den Senator von Connecticut. Letzteren kannte ich bereits aus meiner Zeit in Nürnberg, wo er Stellvertreter des Chefanklägers Robert Jackson gewesen war. Besonderer Stolz erfüllte unser Team, als der Senator von Hawaii, Oren E. Long, die Arbeit der Punahou-Schüler in die offiziellen Aufzeichnungen des US-Kongresses aufnahm. Im Rahmen einer Besprechung im Außenministerium nahm sich der Vorsitzende der für China zuständigen Stabsabteilung eigens die Zeit, das Arbeitspapier im Detail mit den Schülern durchzusprechen. Die Tatsache, dass ein gestandener Politiker ihre Recherchen ernst nahm, war für meine Schüler eine außergewöhnliche Ehre, die sich im Nachhinein als wichtiger und prägender erweisen sollte als jede andere Erfahrung, die sie in Washington gemacht hatten. Einer der Schüler, Galen Fox, arbeitete später als Beamter des Außenministeriums in Taiwan und Hong Kong.

In den 1950ern stand ich als Präsident der Hawaiianischen Sektion der United Nations Association of the United States (UNA-USA) vor, einer Organisation, die sich für die Verbreitung der Ideale der Vereinten Nationen einsetzt. Als Japan 1956 in die Vereinten Nationen aufgenommen wurde, nahm das unsere Organisation zum Anlass, einen landesweiten Festakt in Honolulu auszurichten. Im Zuge der Vorbereitungen kam ich erstmals mit dem japanischen Konsulat in Honolulu in Kontakt und lernte den damaligen Generalkonsul Masahide Kanayama kennen, der später Japans Botschafter in Korea werden sollte. Höhepunkte der äußerst gelungenen Feierlichkeiten waren verschiedene Darbietungen japanischer Künstler und Kulturschaffender sowie eine Party mit 500 geladenen Gästen im „Long House" des Hotelresorts „Hilton Hawaiian Village" bei Honolulu. Unter den Glückwünschen, die uns erreichten, war unter anderem eine herzliche Nachricht von Eleanor Roosevelt, der Witwe des ehemaligen US-Präsidenten.

Abbildung 108: First Lady Eleanor Roosevelt bei einem Besuch auf dem pazifischen Kriegsschauplatz im Jahre 1943.

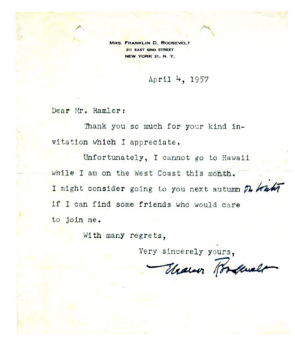

Übersetzung des Briefes von Eleanor Roosevelt:
„4. April 1957
Lieber Herr Ramler,
haben Sie herzlichen Dank für Ihre nette Einladung, über die ich mich freute. Leider kann ich nicht nach Hawaii kommen, da ich in diesem Monat an der Westküste weile. Ich erwäge, im kommenden Herbst nach Hawaii zu reisen, sofern ich ein paar Freunde finde, die sich mir anschließen würden.
Mit dem Ausdruck aufrichtigen Bedauerns sowie sehr freundlichen Grüßen,
Eleanor Roosevelt

Abbildung 109: Ich lud die First Lady ein, Hawaii zu besuchen und engagierte Bürger sowie Schüler kennen zu lernen.

Eine willkommene Begleiterscheinung der Arbeit als Lehrer sind natürlich die freien Sommermonate und die Möglichkeit, eine Auszeit in Form eines so genannten Sabbaticals zu nehmen, welches dem deutschen Forschungsfreisemester nicht unähnlich ist. Auch durch diese war es mir vergönnt, meine inzwischen gewonnenen Kontakte zu pflegen und zu vertiefen. Im Laufe der Jahre nutzte ich zahlreiche derartiger Gelegenheiten, um zu reisen und mich weiterzubilden. Im Sommer 1958 zum Beispiel nahm ich an einem internationalen Treffen in Paris teil, das unter der Schirmherrschaft der Sorbonne stand. Dieses Treffen mit dem Titel „Rencontre Internationale", sprich „Internationale Begegnung", brachte junge französischsprachige Führungskräfte aus den unterschiedlichsten Ländern und Berufszweigen zu Vorträgen, Debatten und gemeinsamen Unternehmungen zusammen. Übrigens gestaltet das East-West-Center, die Vereinigung, für die ich derzeit tätig bin, alljährlich ein ganz ähnliches Programm mit Schwerpunkt auf dem Asien-Pazifik-Raum. Ich beschloss damals, mit einem Round-the-

World-Ticket über Tokio, Hongkong und Bangkok nach Paris zu fliegen. Bei jedem dieser Zwischenstopps nahm ich Kontakt zu Vertretern der jeweiligen UNA auf und genoss deren Gastfreundschaft. In Tokio stieg ich in dem von Frank Lloyd Wright entworfenen Imperial Hotel ab, das inzwischen leider durch einen Neubau ersetzt worden ist. Damals jedoch hatte sich Japan noch nicht gänzlich von den Zerstörungen des Zweiten Weltkrieges erholt, daher gemahnte so manches an die Zustände in einem Dritte-Welt-Land. In Hongkong wohnte ich im Haus eines Cousins, das auf dem Victoria Peak gelegen war und eine wunderbare Aussicht auf den Hafen bot. Mein Cousin hatte in Europa Medizin studiert und war anschließend nach Hongkong gegangen, um in der Praxis eines britischen Arztes zu arbeiten. Die Japaner hatten ihn während des Krieges interniert, ihn aber später freigelassen, um den kriegsbedingt drastischen Ärztemangel in Hongkong entgegen zu wirken. Später gehörte er der florierenden Praxis des britischen Mediziners als Chefarzt an, die vor allem von Europäern und Diplomaten aus allen Herren Länder frequentiert wurde. Nach diesem ersten Besuch bei meinem Cousin sollte ich ihn noch mehrere Male wiedersehen, in Hongkong ebenso wie in London wie auch später in seinem Alterssitz in Vancouver, wo er vor einigen Jahren verstorben ist.

Abbildung 110: Unser lokale japanischsprachige Zeitschrift, die *Hawaii Hochi*, veröffentlichte einen Artikel über die anlässlich der Aufnahme Japans in die Vereinten Nationen veranstaltete Feier im Hilton-Hotel Hawaiian Village in Honolulu. Pi'lani und ich stehen ganz links neben einer Reihe japanischer Honoratioren, darunter in der Bildmitte der Generalkonsul Masahide Kanyama mit Gemahlin.

Mein Sabbatical in Südfrankreich

1964 machte ich vom großzügigen Angebot meiner Schule Gebrauch und ging für ein ganzes Semester einschließlich des nachfolgenden Sommers nach Aix-en-Provence. Die in der Provence gelegene Römerstadt ist heute Sitz der Universität von Aix-Marseille und darüber hinaus ein bedeutendes Zentrum der Kunst sowie Heimat vieler Künstler. Ich hatte meine ganze Familie „im Gepäck" mitgebracht: Piilani, unsere vier Kinder sowie meine Schwiegereltern, die den gesamten Aufenthalt über bei uns blieben. Wir flogen zunächst nach München, wo ein VW-Bus auf uns wartete, der genügend Platz für die gesamte Familie bot. Obendrein waren wir dort auf die Hochzeit von Piilanis jüngerem Bruder eingeladen, der seinerzeit als Soldat der US-Armee in München stationiert war. Anschließend fuhren wir nach einem Abstecher nach Paris in die Provence. Wir hatten das Glück, in den hügeligen Außenbezirken von Aix-en-Provence, am Monte Sainte-Victoire – einem malerischen Kalksteingebiet, das Paul Cézanne auf zahlreichen Gemälden verewigt hat – eine große möblierte Villa zu finden, die wie geschaffen für unsere Familie war.

Wir meldeten unsere drei älteren Kinder an französischen Schulen an, während ich mich für einige Seminare an der Universität von Aix-Marseille einschrieb. Die Kinder gewöhnten sich schnell in ihrer neuen Umgebung ein; innerhalb kurzer Zeit konnten sie sich bestens auf Französisch verständigen und luden französische Freunde zum Spielen zu uns nach Hause ein. An den Wochenenden erkundeten wir mit dem Auto die Provence, die Schulferien wiederum verbrachten wir in Spanien oder Italien. Es war eine schöne, idyllische Zeit, die jeder von uns auf seine Weise zu nutzen wusste. Mein Schwiegervater zum Beispiel, der während unseres Aufenthaltes nicht untätig bleiben wollte, setzte sich in den Kopf, auf einem an unsere Villa angrenzenden Stück Land Gemüse anzubauen. Als wir den Verwalter des Besitzers um Erlaubnis baten, ein bisschen Grund urbar zu machen, teilte er uns mit, wir könnten gerne so viel „ackern", wie wir wollten, faktisch wachse in dieser Gegend aber ohnehin nichts. Also legte der Neuankömmling aus Hawaii ein Bewässerungssystem an, grub im Schweiße seines Angesichts die Erde um, kaufte Samen und schaffte es tatsächlich, dass innerhalb weniger Wochen die ersten Schösslinge aus dem Boden spitzten. Die Kunde von dem hawaiianischen Wundertäter, der die Ödnis zum Blühen brachte, verbreitete sich in Windeseile.

Ich wiederum nutzte den Aufenthalt, um vor Ort allerlei Material für den Französischunterricht an der Punahou School zu sammeln. So reiste ich des Öfteren nach Paris, um Unterrichtsmaterialien zu besorgen. Darunter waren landestypische Alltagsgegenstände, Audio- und Videobänder, Dias oder auch neuestes fachdidaktisches Material. Der gesamte Frankreichaufenthalt, der Besuch der Seminare an der Universität und nicht minder die mit französischen Kollegen und Nachbarn geknüpften Freundschaften vertieften meine Bande zur Kultur des Landes. Ich glaube, dass ich nach der Rückkehr nach Hawaii einiges von dieser reichen Ernte aus dem in Südfrankreich verbrachten Auslandsjahr an meine Schüler weitergeben konnte. Nach unserer Rückkehr nach Hawaii sah ich mich bald erneut vor eine schwierige Entscheidung gestellt, die weitreichende Konsequenzen für meine berufliche Laufbahn und unser aller Zukunft haben würde. Der Direktor der Iolani School, einer führenden hawaiianischen Privatschule, die Punahou in vielerlei Hinsicht in nichts nachstand, hatte einen Ruf als Oberster Leiter der American School of Paris angenommen. Er fragte mich, ob ich als Direktor dieser Schule mit ihm nach Paris gehen wollte – bei anständigen Konditionen und einem beachtlichen Gehalt. Obwohl nach Paris zu gehen bedeutet hätte, unsere Familie zu entwurzeln, stand die immer abenteuerlustige Piilani der Idee offen gegenüber und überließ mir die Wahl. Doch obwohl mich das Angebot sehr wohl reizte, lehnte ich nach einiger Bedenkzeit ab. So interessant die Aufgabe in Paris auch sein mochte, so war die Schülerschaft der American School of Paris doch nur kurzfristig mit der Einrichtung verhaftet, was im Großen und Ganzen ebenso für die gesamte Lehrerschaft galt. Darüber hinaus stand die ASP als internationale Schule nicht im Zentrum, sondern eher am Rand der französischen Bildungspolitik und besaß insofern nur marginalen Einfluss. Die Punahou School hingegen war und ist tief in der hawaiianischen Gesellschaft verankert und zählt traditionell zu den besten Privatschulen der USA.

Abbildung 111: Gruppenbild unserer Familie in Frankreich im Jahr des Sabbaticals – von links nach rechts: Piilanis Mutter Annie Ahuna, Larry, ich, Piilanis Vater Moses Ahuna, David, Piilani, Malia und Dita.

Reisen, Vorträge und Artikel
Als ich mich im Sommer 1968 in Paris aufhielt, war das gerade die Zeit der Studentenproteste und der Demonstrationen gegen die Bildungspolitik der Regierung de Gaulle. Die Studenten hatten das linke Seine-Ufer besetzt und brachten durch Sitzblockaden Verkehr und Handel zum Erliegen. Die illustrierten Artikel, die ich für eine hawaiianische Zeitung über die damaligen Ereignisse schrieb, zeigten einige ehemalige Punahou-Schülerinnen als engagierte Demonstranten auf den Pariser Straßen. Den Eltern der jungen Frauen versetzten meine bebilderten Beiträge natürlich einen ziemlichen Schock.
Auf eine Einladung des deutschen Außenministeriums hin bereiste ich in den 1980er Jahren verschiedene Städte Deutschlands, um die Bildungspolitik und die Bildungsprogramme der einzelnen Bundesländer kennen zu lernen. Als Ergebnis dieser Reise entstand wiederum eine Artikelserie für die Tageszeitung von Honolulu.
Ein Sommerstipendium der Fulbright-Stiftung ermöglichte es mir im Jahr 1981 von der Hebräischen Universität von Jerusalem aus das ganze Land Israel zu erkunden, wozu mir eine Kombination von Reisen, Vorträgen und der Teilnahme an Diskussionsforen beste Gelegenheit bot. Als konkretes Ergebnis meines ersten Aufenthalts in Israel entstand für ein Nachrichtenmagazin ein Artikel über einen bislang eher vernachlässigten Aspekt arabisch-israelischer Beziehungen, dem ich den Titel „Schulen für den Frieden" gab; eine weitere Reise nach Israel sollte folgen. Ein mir besonders willkommener Nebeneffekt des Fulbright-Stipendiums für Israel war die Gelegenheit, dass ich dort meine zwei Schwestern und ihre Familien besuchen konnte.
Eine weitere Reise, diesmal aus persönlichem Interesse unternommen, führte mich nach Magadan in Sibirien, eine Stadt, die in der Stalinzeit das administrative Zentrum des unter dem Kürzel GULAG bekannten Systems sowjetischer Zwangslager gewesen war. In Magadan war ich Gast des Rektors einer dortigen Schule und genoss die warmherzige Gastfreundschaft russischer Familien."

Abbildung 112: Beim Besuch meiner Schwestern Lotte und Adele in Israel.

Eine neue Herausforderung an Punahou

Ein verlockendes Angebot von Dr. Rod McPhee, dem damaligen Präsidenten der Punahou School, machte meine Entscheidung, auf Hawaii zu bleiben, endgültig. Dr. McPhee bot mir die Stelle des „Director of Instructional Services and Coordinator of Curriculum" an, eine Position mit einem Verantwortungsbereich, der sich auf die gesamte Schule erstreckte, also sowohl Primarstufe als auch Sekundarstufe. Meine Aufgabe war es, die schulunterstützenden Strukturen einschließlich der drei Bibliotheken und sämtlicher technischer Infrastruktur zu koordinieren und weiter auszubauen sowie das Lehrplanangebot für sämtliche Klassenstufen und die Weiterbildungsprogramme für die gesamte Lehrerschaft zu erstellen. Da es für mich an der Zeit war, beruflich etwas Neues zu wagen, nahm ich die Herausforderung mit Freuden an.
Um mir Ideen und Anregungen für meine Aufgaben an der Punahou School zu holen, wurde ich Mitglied der „Association for Supervision and Curriculum Development" (ASCD), einer in Alexandria, Virginia, ansässigen Vereinigung, die sich der Ausarbeitung von pädagogisch-didaktischen Programmen widmet und zu diesem Zweck Konferenzen auf dem Gebiet der gesamten USA veranstaltet. Was ich zu diesem Zeitpunkt noch nicht wissen konnte, war, dass ich später die internationale Abteilung dieser USA-weiten Organisation leiten sollte. In jener Zeit gelang es mir, den Programmsektor weiter auszubauen und auch die Zahl der Veröffentlichungen zu erhöhen. Durch meine Mitgliedschaft in der ASCD lernte ich viele interessante Pädagogen aus den ganzen USA kennen, die ich zu so manchem Vortrag oder Workshop zur Weiterbildung unserer Lehrkräfte an die Punahou School holte. Auch die Schule an sich profitierte von dieser Möglichkeit, Kontakte zu anderen öffentlichen wie privaten Schulen zu knüpfen und konnte dadurch ihr eigenes fachliches Angebot beständig erweitern.
Ich war allgemein der festen Überzeugung, dass sich die Punahou School als unabhängige Einrichtung nicht hinter den Mauern und Hecken, die den gut dreißig Hektar großen Campus noch immer umgeben, verstecken durfte. Im Gegenteil musste sich die Schule zu ihrer gesamtgesellschaftlichen Verantwortung und Mission bekennen – und zwar in Hawaii wie auch darüber hinaus. Die in Polynesien verwurzelte und stark asiatisch geprägte Gesellschaft der Insel mit ihren vielen Einwanderern aus China, Japan, Korea, von den Philippinen und den pazifischen Inseln gab uns als Bildungseinrichtung die Chance und auch die Verpflichtung der Wahrung und Weitergabe dieses multikulturellen Erbes. Die ganz bewusste Orientierung der Schule nach außen, die glücklicherweise viele meiner Kollegen und ebenso

die überwiegende Zahl der Kuratoren und Mitglieder der Schulleitung teilten, fand denn auch klingenden Widerhall in einer ganzen Reihe von Initiativen, die meine weitere Laufbahn an der Schule begleiteten und maßgeblich beeinflussten.

Abbildung 113: In meinem Büro als Leiter des Bereichs Weiterbildung und Lehrplankoordination an der Punahou School.

Internationale Bildungskooperationen

Mein erster Versuch, Partnerschaften zu ausländischen Schulen herzustellen, richtete das Augenmerk auf Tahiti. Meiner Meinung nach konnte die Punahou School von der Zusammenarbeit mit unserem südlich des Äquators gelegenen polynesischen Nachbarn in mancherlei Hinsicht profitieren, so zum Beispiel durch die Stärkung der gemeinsamen polynesischen Identität, ganz von den Vorteilen für die Fremdsprachenabteilung zu schweigen, die sich durch die Verbindung zu einem französischsprachigen Land ergaben. Bei meinem ersten Besuch auf Tahiti in den 1960er Jahren nahm man mich sowohl als Mitglied der Leitung der Punahou School wie auch als Präsident der Alliance Française Hawaiis mit offenen Armen auf. In der Hauptstadt Papeete traf ich mit führenden Pädagogen und Regierungsvertretern des Landes zusammen, die allesamt Feuer und Flamme für den Aufbau von Schüleraustauschprogrammen und den Start von Bildungskooperationen mit unserer Schule waren.

Trotz der Offenheit auf beiden Seiten entpuppte es sich zunächst als enorm schwierig, Bildungskooperationen zwischen Hawaii und Tahiti in Gang zu bringen, da sämtliche infrastrukturellen und auch finanziellen Rahmenbedingungen an den Schulen fehlten, die jeden Schüleraustausch überhaupt erst möglich machen. Auch sah die Verfassung unserer Schule die Verantwortung für Gastschüler nicht vor – weder was die Haftung noch was das Arrangement der Unterbringung in Gastfamilien sowie die Organisation der Verpflegung und Freizeitgestaltung anbetraf. Um die Zusammenarbeit unserer Schule mit dem Ausland institutionell zu verankern, gründeten wir umgehend die „Foundation for Study in Hawaii and Abroad". Diese Stiftung für internationale Schüleraustauschprogramme war an der Punahou School ansässig und stand unter meinem Vorsitz, war jedoch wirtschaftlich und strukturell von der Schule völlig unabhängig. Dank dieser Stiftung konnten wir nun auch begabte Schüler anderer Schulen in unsere Austauschprogramme aufnehmen und ihnen finanziell unter die Arme greifen.

Erster Vorstandsvorsitzender der neu gegründeten Stiftung war mein guter Freund Frank Damon, ein Rechtsanwalt. Frank entstammte einer alteingesessenen hawaiianischen Familie, war einer der Aufsichtsräte der Punahou School und teilte mein leidenschaftliches Interesse an beinahe jeder Art von internationaler Bildungskooperation. Der Präsident der Punahou School sowie eine Reihe der Verwaltungsräte der Schule traten der Stiftung ebenfalls bei, sodass wir uns eines breiten Spektrums an Befürwortern unserer internationalen Programme sicher sein konnten. Mein Büro an der Schule bekam damit eine doppelte Funktion: Zum einen ging ich von dort

aus meiner Tätigkeit als „Director of Instructional Services" der gesamten Schule mit allen drei Klassenstufen nach, zum anderen diente es ab sofort auch der Verwaltung und Koordination der Stiftung.
Mir lag es ganz besonders am Herzen, Kontakte zu japanischen Schulen zu knüpfen, da Hawaii sowohl wegen der Vielzahl japanischstämmiger Einwohner wie auch als beliebtes Reiseziel japanischer Touristen von jeher recht enge Beziehungen zu Japan unterhielt und nach wie vor unterhält. Mit dem rapiden Wirtschaftswachstum unseres Nachbarn im Westen, welches weitreichende Auswirkungen auf Asien, ja auf die ganze Welt hatte, legte folgerichtig auch das Interesse an kulturellen Beziehungen und Bildungspartnerschaften mit Japan zu. Als unsere Schule das Fach Japanisch in ihren Stundenplan aufnahm, erfreuten sich diese Kurse bald einer größeren Beliebtheit als der Unterricht in europäischen Sprachen. Ich war deshalb fest davon überzeugt, dass sowohl das Lehrangebot im Japanischen als auch die Schüler der Punahou School enorm von der Zusammenarbeit mit japanischen Bildungseinrichtungen profitieren würden.

Austauschprogramme mit der Keio High School in Japan

In jener Zeit machte ich ganz zufällig eine Bekanntschaft, die damals noch nicht absehbare Folgen für die zukünftigen Beziehungen meiner Schule mit Japan haben sollte. Bei einem Abendessen an der Universität von Hawaii saß ich neben Eiichi Kiyoka, der Professor an der berühmten Tokioter Keio-Universität und damals gerade Direktor des „International House" dieser Universität war. Professor Kiyoka hatte an der Cornell University in den USA studiert, sprach fließend Englisch und war zudem Verfasser eines Lehrbuches der englischen Sprache. In einer seiner früheren Stellungen war er Direktor der renommierten Yoshisha-Schule gewesen, einer unmittelbar der Keio-Universität angegliederten Grundschule. Kiyoka-Sensei war jedoch nicht allein ein angesehener Wissenschaftler, sondern zudem der Urenkel von Fukuzawa Yukichi, der die Keio-Universität gegründet hatte; heute ist das Porträt dieses bedeutenden Gelehrten der Meiji-Zeit auf jedem 10.000-Yen-Schein abgedruckt.
Professor Kiyoka hatte die Autobiographie Fukuzawa Yukichis sowie zahlreiche andere seiner Werke ins Englische übersetzt. Niemand anderer als Fukuzawa war maßgeblich dafür verantwortlich, dass sich Japan während der Umbruchphase der Meiji-Zeit für westliche kulturelle Einflüsse geöffnet hatte – aus diesem Grunde hatte er auch die Weichen für eine internationale Ausrichtung der Keio-Universität gestellt. Nach dem anregenden

Gespräch an der Universität lud ich Kiyoka ein, die Punahou School zu besuchen, wo er sich vom guten Ruf und Bildungsangebot der Schule tief beeindruckt zeigte. Um keinen Deut weniger interessiert war er an der Gründungsgeschichte Punahous, die ja genau wie die der Keio-Universität ins 19. Jahrhundert zurückreicht.

Es zeigte sich schnell, dass auch Professor Kiyoka und ich so manche Gemeinsamkeit hatten: Bei einem Abendessen bei uns zu Hause erläuterte ich ihm meine Idee der Entwicklung von Bildungspartnerschaften und Austauschprogrammen zwischen den an die Keio-Universität angegliederten weiterführenden Schulen und der Punahou School; prompt zeigte sich Kiyoka begeistert und versprach, gleich nach seiner Rückkehr nach Japan alles dazu Nötige in die Wege zu leiten. Dies war der Beginn einer engen Zusammenarbeit zwischen den Schulen der Keio-Universität und Punahou, die bis heute Früchte trägt.

Im persönlichen Kontakt mit Professor Kiyoka hatte sich ein Faktor deutlich herausgeschält, der meines Erachtens nach bei jedweder Kooperation mit asiatischen Partnern eine zentrale Rolle spielt: Persönliche Treffen und Gespräche haben einen immens hohen Stellenwert; meiner Erfahrung nach kann in diesem Zusammenhang der Aufbau persönlicher Bekanntschaften und Freundschaften überhaupt nicht hoch genug veranschlagt werden. So hatte ich bereits vor meiner Begegnung mit Kiyoka verschiedene japanische Bildungseinrichtungen angeschrieben, um die Möglichkeiten für Austauschprogramme auszuloten, auf meine Briefe jedoch nie eine Antwort erhalten. Erst durch die Begegnung mit Professor Kiyoka begriff ich, dass es in einer japanischen Institution niemand für notwendig erachten wird, auf eine so anonyme Anfrage zu reagieren – zumal, wenn sie aus dem Ausland kommt. Nur wenn sich schon vorher persönliche Kontakte ergeben haben oder man zumindest einen Fürsprecher hat, der sein Vorhaben unterstützt, wird man auch mit konkreten Schritten rechnen können.

Abbildung 114: Ich mit Professor Eiichi Kiyoka von der Keio-Universität.

Das Pan-Pazifik-Programm

Meine Gespräche mit Professor Kiyoka führten schnell zu greifbaren Ergebnissen. Bereits im Sommer 1969, also unmittelbar im Jahr nach unserer ersten Begegnung, traf die erste Gruppe von Keio-Schülern zu einem einmonatigen Aufenthalt an der Punahou School ein. Auf dem Programm standen Englisch-Sprachkurse sowie das Kennenlernen von Land und Leuten. Ich sehe diese erste Gruppe von Schülern aus Japan noch ganz genau vor mir, wie sie korrekt mit Schlips und Jackett bekleidet bei uns eintrafen, auf den Gesichtern einen ernsten, bangen Ausdruck, als müssten sie das Gewicht ganz Japans auf den Schultern tragen. Dank der warmherzigen und gastfreundlichen Art der Gastfamilien, die die japanischen Schüler ganz zwanglos willkommen hießen, verflog die Scheu jedoch im Nu. Einen Monat später bot sich am Flughafen bei der Abreise ein gänzlich anderes Bild – die Japaner trugen Hawaiihemden und Leis (die landestypischen Blumenkränze) um den Hals und wurden unter Tränen und Umarmungen verabschiedet.

Abbildung 115: Die erste Gruppe von Keio-Schülern im Jahre 1969 bei ihrer Begrüßung an der Punahou School. Professor Kiyoka hockt in der Mitte der ersten Reihe, flankiert von Frank Damon und mir selbst.

Wir gaben diesem Austausch den Namen „Pan-Pazifik-Programm"; in den seither verstrichenen Jahren hat das Programm starken Zuwachs erfahren und umfasst nunmehr Schulen aus dem gesamten Asien-Pazifik-Raum. Gerade die Kooperation mit der Keio-Universität gedeiht bis heute bestens; ganze Generationen von Absolventen des Programms erinnern sich mittlerweile gerne an ihren Studienaufenthalt und an das Leben in ihrer Gastfamilie auf Hawaii zurück. Naoyuki Agawa, seines Zeichens Juraprofessor und japanischer Diplomat, nahm 1971 am Pan-Pazifik-Programm teil und fand folgende Worte, die seine Zeit auf Hawaii beschreiben: „Ich brauche wohl kaum zu betonen, wie viel mir der Sommer des Jahres 1971 bedeutet hat. Einige meiner ältesten und besten Freunde gehen auf diese Zeit zurück. Ich habe durch das Programm ganz wunderbare Menschen kennengelernt, insbesondere mit meiner Gastfamilie stehe ich heute noch in Kontakt. Hätte ich diese Möglichkeit nicht gehabt, wäre ich nie im Leben an ein amerikanisches College gegangen und hätte später auch nicht in den USA Jura studiert. Auch hätte ich bestimmt nicht angefangen, Bücher über die Vereinigten Staaten von Amerika zu schreiben. Und ganz gewiss wäre ich auch nicht an der Universität von Virginia in Charlottesville gelandet, um dort über Fragen der Verfassungsgeschichte der USA und über die Zukunft und Vergangenheit des Landes zu lehren und zu forschen."
Als sich die Austauschprogramme mit der Keio-Universität gefestigt hatten, wurde es endlich möglich, das Pan-Pazifik-Programm auf Tahiti auszuweiten. Von da an nahmen regelmäßig tahitianische Schüler an unseren Programmen teil und bildeten einen willkommenen polynesischen Farbklecks auf unserer ohnehin schon bunten Palette von Schülern aus allen Herren Ländern. Im Laufe der Jahre kamen weitere Schulen aus anderen Regionen Japans hinzu, so zum Beispiel die Katoh-Schulen aus Numazu, die Tamagawa-Schulen aus dem Großraum Tokio und die Nanzan-Schulen aus Nagoya. Inzwischen sind im Pan-Pazifik-Programm neben japanischen und tahitianischen Schülern auch Teilnehmer aus China sowie aus verschiedenen anderen Ländern Südostasiens vertreten.
Die Gastfamilien waren von Anfang an der Dreh- und Angelpunkt des Pan-Pazifik-Programms. Die von uns ausgewählten Familien hießen die Schüler aus Asien und von den pazifischen Inseln mit traditioneller hawaiianischer Gastfreundlichkeit willkommen. Bei ihnen konnten die jungen Gäste das hawaiianische Alltagsleben und damit ein Stück hawaiianisch-amerikanischer Kultur hautnah miterleben. Dieser Schwerpunkt auf den Gastfamilien stellt bis heute das Herzstück des Programms dar, denn der Aufenthalt in den hawaiianischen Familien bleibt den Schülern ein Leben lang unvergesslich und steht oftmals am Anfang lebenslanger Freundschaften.

Zusätzlich zum Pan-Pazifik-Programm, das auf die Aufnahme ausländischer Schüler in Hawaii ausgerichtet ist, schufen wir Programme, die hawaiianischen Schülern einen Aufenthalt in Ländern wie Japan oder Tahiti und später auch in anderen Regionen Asiens oder in Europa ermöglichen sollten. Und wie bei unseren auf Hawaii ausgerichteten Programmen legen wir bei den Aktionen, unter deren Schirm hawaiianische Schüler ins Ausland reisen, großen Wert auf die Unterbringung in Gastfamilien – dies betrachten wir als ebenso wichtig wie das Kennenlernen der Sprache und der Kultur des Gastlandes.

Für so manchen der Teilnehmer – egal ob unsere einheimischen Schüler oder aber die Gastschüler aus dem Asien-Pazifik-Raum – lief das Sommerprogramm auf einen Wendepunkt in ihrem Leben hinaus, der neue Horizonte eröffnete und dem weiteren Schul- und Berufsleben eine deutlich neue Richtung gab. Mit vielen der Absolventen des Pan-Pazifik-Programms stehe ich nach wie vor in engem Kontakt. Es macht mich immer wieder glücklich, wenn sie mir schreiben oder erzählen, welch positive Entwicklung ihr Leben seither beruflich wie privat genommen hat.

Abbildung 116:
Übersetzung des englischen Artikels:
„Die fremde neue Welt des Aloha
Na, na, gar so schlimm kann es nicht sein. Mrs. Allan Renton versucht dem Schüler Kenji Tachikawa einen Lei umzuhängen, der jedoch ganz offensichtlich noch nicht an den bisweilen überwältigenden Charme Hawaiis gewöhnt ist. Aber wenn er als Teil eines Schüleraustausches erst einmal sechs Wochen an der Punahou School verbracht hat, wird er bestimmt wissen, was Sache ist."

Abbildung 117: Mit asiatischen Schülern des Pan Pacific-Programms an einem Strand auf Big Island im Jahre 1995.

Kontakte zu China

Nachdem der amerikanische Präsident Richard Nixon und sein Außenminister Henry Kissinger nach Jahrzehnten der Isolation erneut diplomatische Verbindungen zur Volksrepublik China aufgenommen hatten, hielt ich die Gelegenheit für gekommen, unseren Schülern einen Studienaufenthalt in China zu ermöglichen. Ich verfasste daher mehrere Briefe an das Außenministerium in Peking sowie an die chinesische Tourismusbehörde, um die Aussichten für ein Reiseprogramm zu sondieren. Leider blieben diese Schreiben unbeantwortet. Genau wie in Japan zeigte sich ein weiteres Mal, dass in Asien das Knüpfen persönlicher Kontakte der Schlüssel zum Erfolg ist. Fehlen diese Kontakte, führen die Pläne meist zu nichts. Ich ließ mich jedoch nicht entmutigen und versuchte weiterhin, brieflichen Kontakt mit den zuständigen Stellen in Peking herzustellen, bis ich 1977 schließlich eine Antwort der Tourismusbehörde in Form eines einzigen Satzes erhielt: „Bitte schicken Sie uns Informationsmaterial über die Punahou School und die Foundation for Study in Hawaii and Abroad." Letzteres ist wie bereits erwähnt die an der Punahou School angesiedelte Stiftung zur Förderung von Schüleraustauschprogrammen. Natürlich sandte ich sofort unsere Broschüren nach Peking, legte aber zugleich die offizielle Anfrage bei, ob ich mit einer Gruppe von Schülern nach China einreisen dürfe. Bald hielt ich eine Einladung in Händen, das Land im Sommer 1978 zu besuchen – und das war immerhin ein ganzes Jahr bevor wieder offizielle diplomatische Beziehungen zwischen der Volksrepublik China und den USA aufgenommen wurden. Meines Wissens stellte unser Besuch in China ein absolutes Novum dar: Wir waren die erste Schule aus den Vereinigten Staaten, die China seit Beginn der Ära Mao Tsetung besuchen durfte. Mit mir reiste eine Gruppe von Schülern, darüber hinaus schlossen sich uns einige Eltern sowie mehrere Aufsichtsräte der Punahou School an. Selbst der Präsident der Schule war mit von der Partie.

Obwohl wir die chinesische Seite ausdrücklich darum gebeten hatten, unseren Schülern neben dem Besichtigungsprogramm auch konkrete Lerninhalte zu vermitteln, waren die ersten China-Programme, die von der chinesischen Tourismusbehörde organisiert wurden, im Grunde reine Besichtigungsreisen an verschiedene Orte der Volksrepublik. Nachdem wir aber erst einmal in China angelangt waren, gelang es uns recht bald, vor Ort Kontakte zur Pekinger Pädagogischen Hochschule herzustellen – damals noch Beijing Teachers College, heute Capital Normal University. Damit ließ sich endlich ganz konkret Sprachunterricht in die Sommerprogramme einbinden. Zukünftig besuchten unsere Schüler zunächst Chinesischkurse und unternahmen erst nach einer längeren Zeit des Sprachunterrichts eine von den Dozenten begleitete Reise, auf der sie dann verschiedene kulturelle Sehenswürdigkeiten des Landes besichtigten. Mein Ansprechpartner auf der chinesischen Seite war Wang Muzeng, Dekan für sinologische Studien am Beijing Teachers College. Wangs Sohn Ran, ein begabter junger Mann, folgte unserer Einladung nach Hawaii und nahm am Pan-Pazifik-Programm der Punahou School teil. Er machte dort auch seinen Highschool-Abschluss und erhielt anschließend einen Studienplatz an der Harvard University, wo er sein Studium mit Auszeichnung beendete. Heute ist er der Geschäftsführer eines in Peking ansässigen, international erfolgreichen Finanzdienstleistungs- und Maklerunternehmens.

Die Erfolgsgeschichte dieses jungen Menschen erhellt meiner Ansicht nach ganz deutlich, welch radikale Wandlung sich in China abspielte, seit es sich ab den späten 1970er Jahren der Welt geöffnet hat. In meinen Augen veranschaulicht Rans Erfolgsgeschichte darüber hinaus das enorme Potenzial,

das Bildung besitzt, um das Leben einzelner Menschen und ganzer Gesellschaften zu verändern.
Die Verbindungen der Punahou School zu ihren Partnerschulen in Japan und China wurden im Laufe der Jahre immer enger. Zudem entstanden verschiedene Kooperationen mit Schulen in zahlreichen anderen Regionen der Erde. Die Austauschprogramme sowohl für Schüler aus Hawaii, die in den asiatisch-pazifischen Raum bzw. nach Europa reisten, als auch für Gastschüler aus anderen Ländern, die zu uns nach Punahou kamen, wurden umfangreicher und vielfältiger. Als Ergänzung zu den Programmen für Schüler konnten jetzt auch Lehrer aus unterschiedlichsten Ländern eine breit gefächerte Auswahl von Weiterbildungsseminaren an der Punahou School besuchen. Themen waren unter anderem die Methodik des Fremdsprachenunterrichts, Fortbildungskurse im Bereich Umweltstudien sowie Didaktik des naturwissenschaftlichen Unterrichts. Wir sind stolz, dass wir heute an unserer Schule zahlreiche Weiterbildungsseminare anbieten und Pädagogen und Schüler aus aller Welt als Gäste empfangen.

Die Gründung des „Wo International Center"

Infolge der wachsenden Zahl der internationalen Programme unserer Schule ergab sich ab einem bestimmten Punkt die Notwendigkeit, eine konkrete Anlaufstelle in Form eines Zentrums für internationale Beziehungen aufzubauen. Dankenswerterweise griffen uns die beiden hawaiianischen Familien C. S. Wo und K. J. Luke, die großen Einfluss und Reichtum im Handels- bzw. Bankensektor erworben hatten und sich der Punahou School schon lange eng verbunden fühlten, finanziell unter die Arme und ermöglichten uns somit den Bau des „Wo International Center". Alle Kinder und Enkelkinder beider Familien hatten die Punahou School besucht, und da die Familien Wo und Luke geschäftliche Beziehungen zu ganz Asien und Europa unterhielten, war ihnen von vorneherein die enorme Bedeutung bewusst, die internationale Austauschprogramme für unsere Schule sowie für den Standort Hawaii bedeuten konnten. Als die beiden Familien an mich herantraten und ihr Interesse bekundeten, uns beim Aufbau eines solchen Anlaufzentrums zu unterstützen, erkannte ich, wie wichtig es für die internationalen Kooperationen der Schule sein würde, feste Zukunftsperspektiven zu entwickeln, die weit über die Zeitspanne meiner eigenen Tätigkeit sowie des Berufslebens meiner damaligen Kollegen hinaus Bestand haben würden. Und was konnte das dauerhafte Engagement der Schule für eine international ausgerichtete Ausbildung besser ausdrücken als ein stabiles

Gebäude! Das „Wo International Center" übernahm die direkte Nachfolge der „Foundation for Study in Hawaii and Abroad" und entwickelte sich schnell zum zentralen Ansprechpartner bei allen Fragen und Überlegungen, die sich im Rahmen der internationalen Ausrichtung der Punahou School ergaben.

In zentraler Lage auf dem Campus der Schule entstand ein eleganter Bau mit einem Auditorium, einigen Klassenzimmern und einer Reihe von Büros sowie allen anderen notwendigen Einrichtungen mitsamt der technischen Infrastruktur. Der inzwischen verstorbene John Young, ein renommierter Künstler und Sammler, stiftete eine Anzahl herausragender Kunstobjekte und Bilder aus dem gesamten Asien-Pazifikraum sowie anderen Regionen der Welt, mit denen wir die Wände des Foyers schmücken konnten. Auf diese Weise entstand so etwas wie ein kleines Museum für die Schüler, die das Angebot des Zentrums nutzten. Das „Wo International Center" ist eine in den gesamten USA einzigartige Einrichtung und legt nach meinem Dafürhalten als konkretes Gebäude sowie als Kristallisation der dahinter stehenden Idee ein klares Bekenntnis ab, dass das internationale Engagement der Punahou School von Dauer sein wird.

Zu meinen Aufgaben am Wo Center gehörten regelmäßige Reisen zu unseren Partnerinstitutionen im Ausland, insbesondere aber in Japan und China, um gemeinsam mit ihnen neue Programme und Initiativen auf die Beine zu stellen. Unsere Zusammenarbeit mit China nahm vor allem durch die Unterstützung der Pekinger Soong Ching Ling-Stiftung, die uns Türen zu etlichen sehr wichtigen Bildungseinrichtungen im ganzen Land öffnete, eine ausgezeichnete Entwicklung. Die Ziele dieser chinesischen Bildungs- und Kultureinrichtung sind eng mit den Bemühungen der Punahou School um Schüleraustauschprogramme mit China verwoben. Das Bestreben der Punahou School, ihren Schülern weitere Bildungsmöglichkeiten im Ausland zu eröffnen, traf auf ein nicht minder deutlich ausgeprägtes und stetig wachsendes Interesse bei vielen Schulen im Asien-Pazifik-Raum, ihrerseits kulturelle und sprachliche Brücken zu anderen Welten zu bauen. Die Freundschaften und Partnerschaften, die auf jene Jahre zurückgehen, sind für mich in beruflicher wie privater Hinsicht nach wie vor ein Quell der Freude und auch des Stolzes über das inzwischen Erreichte. Nachdem ich 1995 in Pension ging, setzten die engagierten und fähigen Mitarbeiter des „Wo International Center" der Punahou School diese Bemühungen im selben Sinne fort.

Abbildung 119: Von links nach rechts: Jim Wo, Kan Jan Luke, Dr. Roderick McPhee, der Leiter der Punahou School, ich und Bob Wo bei der Einweihung des Wo International Center im Mai 1993. Die Familien Wo und Luke waren die Hauptsponsoren des Zentrums.

Abbildung 118: Bei meiner Rede zur Einweihung des Wo International Center.

Abbildung 120: Die Partner aus den verschiedenen Ländern bei der Einweihung des Wo International Center im Mai 1993. Von links nach rechts: Ich, Miss Toyoko Naganuma (Japan, Keio-Universität), Dr. Masahide Katoh und John Maher (Japan, Numazu), Robert Koenig (Tahiti), Prof. Eiichi Kiyoka und Frau Ebihara (Japan, Keio-Universität), Prof. Wang Zhen Tang (China) und Natascha Proskurina (Russland).

Kooperationen mit Japan

Aufgrund meiner bereits geschaffenen Kontakte zu japanischen Institutionen wurde ich einer der Mitbegründer der Japanisch-Amerikanischen Gesellschaft Hawaiis, einer Vereinigung, die es sich zum Ziel gesetzt hat, das Verständnis für die japanische Kultur, Gesellschaft und Politik zu fördern. In den ersten Jahren war ich für das Programm der Gesellschaft verantwortlich; anschließend, von 1986 bis 1987, wirkte ich als ihr Präsident. In beiden Funktionen half ich, erste Kontakte mit Japan herzustellen und lud unter anderem wichtige japanische Politiker und Kulturschaffende zu Vorträgen nach Honolulu ein. Einer der ersten, die meiner Einladung folgten, war der inzwischen verstorbene Akio Morita, Mitbegründer und Vorstandsvorsitzender des Elektronikkonzerns Sony. Morita, ein engagierter Förderer von internationalen Bildungskooperationen, der später zeitweilig auf Hawaii leben sollte, trug entscheidend zum Ausbau der technischen Ausstattung der Punahou School bei, indem er als Sponsor die Einrichtung von Sprachlaboren und die Beschaffung verschiedener audiovisueller Geräte finanzierte.

Audienz beim japanischen Kaiserpaar
Ein ganz besonderer Baustein der hawaiianisch-japanischen Beziehungen geht auf einen Hawaiibesuch des japanischen Kronprinzenpaares in den 1960er Jahren zurück. Dieser Besuch des zukünftigen Kaisers von Japan und seiner Ehefrau war die Initialzündung für die Gründung einer gemeinsam von Japan und Hawaii geförderten Stiftung, die Stipendien für Forschungsaufenthalte in Japan an besonders begabte Studierende der Universität von Hawaii vergibt, umgekehrt auch den Aufenthalt japanischer Studierender in Hawaii fördert. Alljährlich wird je zwei Stipendiaten aus Japan und Hawaii und einem der Stiftungskuratoren die ganz besondere Ehre einer Audienz beim Kaiserpaar im kaiserlichen Palast zuteil. Ich war einmal unter diesen Glücklichen und erinnere mich bis heute noch genau, wie wir in einer schwarzen Limousine durch das Tor in den Park glitten und durch weitläufige Anlagen und Alleen bis zum Kaiserpalast fuhren, einem niedrigen modernen Gebäude, dessen Linienführung an die klassische japanische Architektur angelehnt ist. In einem vornehmen Empfangssalon wurden wir vom Obersten Kammerherrn, von der Kammerfrau und einem Hofbeamten empfangen, der uns in die Sitzordnung im Audienzzimmer und in das Hofprotokoll einführte. Das Kaiserpaar stand freundlich lächelnd am Eingang des Audienzsaals und begrüßte jeden von uns mit Handschlag. Gleich

darauf ließen sich der Kaiser und die Kaiserin auf einem Sofa vor einem Fenster mit Ausblick auf den Garten nieder und begannen eine zwanglose Unterhaltung, in der sie die Stipendiaten zu ihren Projekten und Vorhaben befragten.
Hinter mir stand eine Dolmetscherin des japanischen Außenministeriums und flüsterte mir jeweils die Übersetzung der Unterhaltung ins Ohr. Das gütige Gesicht der Kaiserin, ihr huldvolles Lächeln und die Eleganz ihrer Haltung beeindruckten mich zutiefst und fanden ihre Entsprechung in dem ernsthaften Interesse des Kaisers, der uns allen fundierte Fragen stellte. Nach dem Ende der Audienz gab uns das Kaiserpaar erneut die Hand, bevor wir den Saal verließen. Indem sie uns ihre Hand entboten, enthoben sie uns ausländischen Gäste der Notwendigkeit, uns nach dem traditionellen Protokoll zu verbeugen. Wie viel Anmut und Wohlwollen sich hinter dieser Geste doch verbarg.
Vor dem Kaiserpalast wartete noch eine weitere Überraschung auf uns: Wir durften im Kleinbus eine Besichtigungstour durch die inneren Palastgärten machen, die Besuchern normalerweise nicht zugänglich sind. Im Gegensatz etwa zum Park des Schlosses Versailles bei Paris, in dem die Bäume und Sträucher strenge geometrische Formen zeigen, können die Bäume im Palastgarten auf einem abwechslungsreichen, welligen Gelände voller kleiner Hügel, Felsen sowie zahlreicher Blumen und anderer Pflanzen ganz natürlich wachsen. Ich fühlte mich spontan an die impressionistischen Bilder Monets erinnert, die er auf seinem Anwesen in Giverny gemalt hat.

Abbildung 121: Audienz beim japanischen Kaiserpaar Akihito und Michiko im Juni 2002 in der kaiserlichen Residenz. Je zwei amerikanische und japanische Empfänger des Akihito-Stipendiums sitzen dem Kaiserpaar gegenüber. Von links nach rechts: John Treiber, Scott Mudd, Rino Kawase, Aya Kitamura, ich, die Dolmetscherin, Japan-America Society-Aufsichtsratmitglied Jean Rolles, Yoshio Nakamura, Generaldirektor des japanischen Wirtschaftsverbands Keidanren, der als japanische Partnerorganisation mit der Abwicklung des Stipendienprogramms betraut ist.

In Anerkennung meiner Verdienste als Mitbegründer und Aufsichtsrat der „Crown Prince Akihito Scholarship Foundation" und als Aufsichtsrat und ehemaliger Vorsitzender der Japanese-American Society Hawaiis erhielt ich den kaiserlichen Orden des Heiligen Schatzes, der mir 1992 im Rahmen einer feierlichen Zeremonie im Haus des japanischen Generalkonsuls in Honolulu verliehen wurde. Dieser Orden stellt für mich eine große, tief empfundene Ehre dar, die ich mit den übrigen Aufsichtsräten sowie allen Stipendiaten der Stiftung teile, ohne deren anhaltende Bemühungen und Beiträge die beiden Einrichtungen nie so erfolgreiche Arbeit hätten leisten können.

Piilani erkrankt an Alzheimer

Abbildung 122: Piilani

Mein Leben war und blieb geprägt von einer Vielzahl beruflicher und ebenso gesellschaftlicher Verpflichtungen und Herausforderungen, was zahlreiche Reisen ins Ausland miteinschloss. Meine Frau Piilani stand mir in all diesen Jahren als treue und energische Gefährtin sowie warmherzige Gastgeberin zur Seite; dabei war sie ihrerseits auch in zahlreiche gesellschaftliche Verpflichtungen eingebunden. Stellvertretend kann hier ihre ehrenamtliche Mitarbeit für verschiedene hawaiianische Kultur- und Wohltätigkeitsinstitutionen wie etwa das Ballett und die Herzstiftung gelten.
Es war ein tragischer Moment für uns alle, als ein Neurologe im Herbst 1978 bei Piilani Alzheimer feststellte, nachdem wir bei ihr anlässlich verschiedener Zwischenfälle und Fehlleistungen erste Anzeichen für Gedächtnislücken sowie Beeinträchtigungen des Sprachvermögens beobachtet hat-

ten. Außerdem litt Piilani seit einiger Zeit unter unvermittelten Stimmungsumschwüngen, wobei es ein ständiges Auf und Ab zwischen Euphorie einerseits und Depression in Begleitung nahezu unkontrollierbarer Wutausbrüche andererseits gab.

Als ihr Ehemann, der ich tagtäglich für sie sorgte, sah ich mich nun dieser gänzlich neuen Situation gegenüber. Unsere Beziehung wandelte sich unter diesen Umständen schnell. Waren wir vorher zwei Individuen mit recht ähnlichen, bestens harmonierenden intellektuellen und emotionalen Bedürfnissen, bekam unser Verhältnis nun ein anderes Gesicht: Ich wurde zum Krankenpfleger, sie zu der mir anvertrauten Patientin. Aus eigener Erfahrung bin ich zu der festen Überzeugung gelangt, dass jeder Alzheimer-Patient zumindest einen Großteil der Zeit glücklich und zufrieden leben kann, sofern man eine liebevolle und behagliche Umgebung für ihn oder sie schafft. Den Familienangehörigen stellt sich dabei die schwere Aufgabe, Liebe im Sinne des griechischen „agape" zu entwickeln, sprich eine Liebe, die im Grunde völlig selbstlos ist und keiner Erwiderung im gewohnten Sinne bedarf.

Piilanis Zustand verschlechterte sich leider sehr schnell – bis zu dem Punkt, an dem wir uns nicht länger zu Hause ausreichend um sie kümmern konnten. Sie verbrachte die noch verbleibenden neunzehn Jahre bis zu ihrem Tod im Jahr 2003 im Hilo Life Care Center, einem sehr guten Pflegeheim auf dem Big Island. In diesem Pflegeheim, in dem man sie seit 1984 betreut hatte, tat Piilani auch ihren letzten Atemzug. In all diesen Jahren war sie größtenteils nicht mehr dazu in der Lage gewesen, ihre Umgebung wahrzunehmen oder in Kontakt mit anderen Menschen zu treten. Die charmante Lani mit dem großen Herzen und der unermüdlichen Energie, die ich einst kennen und lieben gelernt hatte, verließ uns im Grunde schon 1978, als der Neurologe Alzheimer bei ihr diagnostiziert hatte. Danach hatte sie noch fünfundzwanzig Jahre lang ein Leben geführt, in dem ihr Körper zwar weiterhin funktionierte, sie aber überwiegend von allen sozialen Kontakten, von Familie und Freunden abgeschlossen im dunklen Nebel ihrer Krankheit vor sich hindämmerte. Wir alle, die wir sie kannten, erinnern uns jedoch noch lebhaft an ihre einnehmende Persönlichkeit und den Schwung, mit dem sie während ihrer aktiven Zeit von den 1950er bis in die 1970er Jahre die Gesellschaft Hawaiis auf vielerlei Art bereicherte. Piilani war der Prototyp einer kosmopolitischen hawaiianischen Frau mit breit gefächerten Interessen und hinterließ bei allen, die ihr begegneten, als Mensch wie als Kollegin einen unauslöschlichen Eindruck. Die mehrjährigen Aufenthalte in Europa und nicht zuletzt die Arbeit als Gerichtsstenographin bei den Nürnberger Prozessen hatten sie wahrhaftig zu einer Frau von Welt gemacht. Als meine Ehefrau war sie es gewesen, die mir mein Leben auf Hawaii und meine Arbeit dort ermöglichte. Als Mutter hatte sie vier wunderbare Kinder zur Welt gebracht und erzogen, als Freundin hatte sie unser aller Leben ausgefüllt.

Während der Jahre, die Piilani im Pflegeheim verbrachte, widmete ich mich meinen beruflichen und gesellschaftlichen Verpflichtungen sogar noch intensiver als zuvor, was wiederum verstärkt für die Zeit nach ihrem Dahinscheiden galt. Dazu war ich sehr häufig auf Reisen. Ich vermachte eine Parzelle des Areals unseres Zuhauses in Maunawili an der Windseite von Oahu meiner Tochter Dita, die dort für sich und ihre Familie ein Haus unmittelbar neben dem meinen errichtete. Durch diese räumliche Nähe wuchs die Familie Ramler noch näher zusammen als es ohnehin schon der Fall war. Es entstand ein regelrechter Familiensitz der Ramlers, was maßgeblich zu der hohen Lebensqualität beiträgt, die ich bis heute genießen darf. Ganz besonders wichtig sind mir die verschiedenen Festanlässe, bei denen der ganze enge und weitere Kreis der Familie in unserem Heim zusammenkommt, einschließlich meiner Enkelkinder, die unverkennbar großen Spaß daran haben, Zeit mit ihrem Großpapa zu verbringen.

Mitarbeit beim East-West-Center und am Pacific Basin Consortium

Nach vierundvierzig Jahren Tätigkeit als Lehrer und Administrator endete schließlich meine Zeit an der Punahou School – ich ging in Pension. Jetzt sah ich mich mit der Herausforderung konfrontiert, dass ich meiner Zukunft eine neue Form geben musste, zumal ich unbedingt meine Bemühungen um internationale Bildungskooperationen fortsetzen wollte. Um in diesem Bereich auch weiterhin nachhaltig und sinnvoll tätig sein zu können, brauchte ich eine institutionelle Verankerung und eine fruchtbare Arbeitsumgebung mit Menschen, die meine Ziele und Überzeugungen teilten. Daher begrüßte ich die Einladung des East-West Center auf Hawaii, als ehrenamtlicher Fellow am Profil ihres Bildungsprogramms mitzuwirken. Zu jener Zeit befand sich das Zentrum gerade in einer Übergangsphase, da es erst kürzlich einen neuen Direktor bekommen hatte, der alle bisherigen Zielsetzungen und Programme auf den Prüfstand stellte. Dank meiner langjährigen Erfahrung mit der Erstellung von Lehrplänen an der Punahou School und beim Aufbau des Wo International Center, an dem ich für die inhaltliche Ausarbeitung der internationalen Bildungskooperationen und für die Institutionalisierung dieser Austauschprogramme verantwortlich war, sah ich mich für die Aufgaben am East-West Center bestens gerüstet. Eines der ersten Projekte, die ich für das East-West Center in Angriff nahm, zielte auf Lehrer für Hawaiianisch und polynesische Kultur an Grundschulen und weiterführenden Schulen ab. Für sie organisierte ich einen Studienaufenthalt in Tahiti, der unter dem Motto „Linking Cousins of the Pacific" („Pazifische Vettern neu vernetzen") stand. Der Aufenthalt umfasste unter anderem Exkursionen zu archäologischen Fundstellen auf mehreren der Gesellschaftsinseln sowie einen Besuch auf der Hauptinsel von Tahiti, Tahiti Nui, wo die Gäste aus Hawaii im Rahmen verschiedener Ausflüge und Vorträge mit den aktuellen Problemen des Landes vertraut gemacht wurden.

Bei diesen Bemühungen um die Intensivierung der Kontakte zwischen Hawaii und Tahiti konnte ich an frühere Projekte anknüpfen. Etliche Jahre zuvor war ich einer der Mitbegründer der „Polynesian Voyaging Society" gewesen. Dieser kulturellen Vereinigung ist der Bau der „Hokule'a" zu verdanken, eines Nachbaus der traditionellen Katamarane der frühen Polynesier, mit denen diese den Pazifik überquert hatten. Auf die denkwürdige erste Pazifiküberquerung der Hokule'a im Jahr 1976 anlässlich der 200-Jahr-Feier der USA folgten noch viele weitere, die alle das Ziel hatten, die kulturellen Bande zwischen den verschiedenen Inseln des Pazifiks zu stärken. Erst kürzlich segelte die Hokule'a sogar bis nach Japan und setzte damit ein weiteres wichtiges Zeichen der Zusammengehörigkeit.

Abbildung 123: Das Hochseekanu *Hokule'a* 1976 mit windgefüllten „Krebs"-Segeln bei einer Probelauf vor ihrer ersten Überfahrt nach Tahiti. Das Kanu hat seither ganz Polynesien bereist und dabei nur althergebrachte Navigationshilfen benutzt, auf alle modernen Instrumente verzichtet. Ich war eines der Gründungsmitglieder der Polynesian Voyaging Society, die das Kanu erbaute und bis heute benutzt.

Ein Schwerpunktprogramm der mit Bildungsfragen betrauten Koordinierungsgruppe des East-West Center, deren Koordinator ich nach wie vor bin, entstand in Zusammenarbeit mit dem chinesischen Bildungsministerium und der Peking-Universität. Im Rahmen dieses Programms bereisen chinesische Wissenschaftler drei Wochen lang verschiedene Regionen der USA, um vor Ort wichtige aktuelle Themen der amerikanischen Gesellschaft und Politik zu untersuchen. Umgekehrt bekommen im Jahr darauf ausgewählte amerikanische Forscher die Möglichkeit, verschiedene Regionen Chinas kennen zu lernen.

Weil es immer noch viele Einzelheiten im Ablauf des Programms zu klären gilt, führen mich meine Reisen häufig nach China. Dank der Austauschkooperationen, die unter meiner Federführung von der Punahou School in den 1970er Jahren geknüpft wurden, und meiner heutigen Tätigkeit für das East-West Center bekam ich die Gelegenheit, aus nächster Nähe jenen steilen Aufstieg Chinas seit dem Ende der so genannten Kulturrevolution mitzuverfolgen, dem das Land seine heutige Position als dynamische Größe im Wirtschaftsgeschehen Asiens und dem Rest der Welt zu verdanken hat.

Abbildung 124: 1993 in Peking mit Wang Muzeng, dem Dekan der Sinologiefakultät von Pekings Capital Normal University.

Im Rahmen des East-West Center war ich ferner an einer anderen Initiative aktiv beteiligt, die zunächst den sprechenden Titel „Neue Erziehungsparadigmen für das 21. Jahrhundert" trug und später in „Internationales Bildungsforum 2020" umgetauft wurde, um den Diskussionsaspekt zu betonen. Dieses Programm, an dem Wissenschaftler aus unterschiedlichen Staaten des Asien-Pazifik-Raums beteiligt sind, hat es sich zum Ziel gesetzt, die Stellung und den Stellenwert der Bildung in Hinblick auf die sich rapide verändernden Bedingungen des 21. Jahrhunderts zu erforschen und zu überdenken.

Das East-West Center steht an der Spitze dieser Initiative und übernahm daher die wichtige Aufgabe der Bewertung all derjenigen Prinzipien und Leitlinien, auf denen jetzt und in Zukunft nachhaltige Bildungsstrukturen und bildungspolitische Denkansätze gründen könnten. Obwohl meine Arbeit für das Zentrum in erster Linie den Austausch mit Universitäten und andere Hochschuleinrichtungen betrifft, habe ich durch meine Tätigkeit im Beirat des Wo International Center und als Aufsichtsrat der Saint Francis School, einer katholischen Privatschule in Honolulu, weiterhin sehr viel mit Schulen der Primar- und Sekundarstufe zu tun. Bei der Verbindung zur Saint Francis School kommt überdies eine persönliche Komponente ins Spiel, da dort meine Schwägerin, Piilanis jüngste Schwester, als Nonne im Ruhestand lebt und sich trotz Pensionierung tatkräftig einbringt. In Anerkennung ihrer langen, treuen Verdienste um die Schule als Lehrerin und Administratorin trägt die neu errichtete Turnhalle der Saint Francis School ihren Namen.

Abbildung 125: Peking: Inauguration eines vom East-West Center in Kooperation mit dem Bildungsministerium Chinas sowie der Peking University geförderten Bildungsprogramms – Name des Programms: The Institute on Teaching About China and the United States.

In Zusammenarbeit mit dem „Verband der Privatschulen" auf Hawaii hob ich gemeinsam mit anderen noch eine weitere internationale Initiative aus der Taufe, nämlich das so genannte Pacific Basin Consortium. Anliegen dieser Arbeitsgemeinschaft, die hauptsächlich auf Privatschulen im Asien-Pazifik-Raum abzielt, war und ist es, ein übergreifendes Forum für Pädagogen und Lehrer aus unterschiedlichen Ländern zu schaffen. Mittels eines Netzwerks von Bildungskooperationen sollte allen Beteiligten die Möglichkeit zum Austausch und zur Zusammenarbeit bei konkreten Bildungsprojekten eröffnet werden; wichtigstes Mittel dazu sind internationale sowie regionale Konferenzen und Workshops. Hawaii als der kulturelle und kommunikative Knotenpunkt im Pazifik bildete den idealen Stützpunkt für diese Initiative, daher wurden dort auch bereits eine ganze Reihe wichtiger Tagungen abgehalten.

Von 1995 bis 2003 wirkte ich als Vorsitzender dieser Arbeitsgemeinschaft. In dieser Funktion verfasste ich für die US-amerikanische Zeitschrift „Independent School" zahlreiche Artikel zu aktuellen bildungspolitischen Themen und Entwicklungen in verschiedenen Staaten, darunter Japan, China, Indien, Neuseeland, Israel und auch die Staaten der Europäischen Union.

Ergänzend zu diesen Artikeln für die Zeitschrift „Independent School" verfasste ich für meinen engeren Freundes- und Familienkreis eine ganze Reihe von Essays über verschiedene der Länder, die ich im Laufe der Jahre bereist habe. Denn immer schon war die berufliche Tätigkeit ja nur ein Aspekt dieser Reisen. Jetzt aber wurden die von mir gemachten Erfahrungen kraft der neuen Herausforderung, keine nüchternen Fachberichte, sondern möglichst plastische Reportagen zu schreiben, um eine zusätzliche Nuance bereichert: Unversehens erschienen die Menschen und Orte, die ich auf meinen Reisen kennenlernen durfte, in einem ganz neuen Licht. Das gab mir einen ganz besonderen Anreiz, meine vielfältigen Erfahrungen in Berichten und Essays festzuhalten.

Kiyoko

Im Jahre 1995 lernte ich bei einem meiner Aufenthalte auf Tahiti Kiyoko kennen, meine spätere Ehefrau und Gefährtin. Wie so vieles in meinem Leben war auch diese Begegnung wieder ein Beispiel für das Zusammenspiel glücklicher Umstände, die mich gänzlich ohne mein Zutun mit lieben Menschen zusammenführten. Ich hatte auf der Reise in Papeete, der Hauptstadt Tahitis, nähere Einzelheiten eines geplanten Bildungsprogramms des East-West Center besprochen. Da es nur einmal in der Woche einen Flug nach Honolulu gab, hatte ich unversehens zwei freie Tage zur Verfügung und beschloss daher, nach Bora Bora zu fliegen, eine der schönsten der Gesellschaftsinseln, deren Lagune insbesondere bei Tauchern und Schnorchlern sehr beliebt ist. Nach diesen zwei Tagen wartete ich auf die Fähre, die mich zur Flugpiste von Bora Bora bringen sollte, von wo aus ich nach Papeete zurückfliegen wollte. Ich bemerkte zwei Japanerinnen, die ebenfalls auf dem Pier warteten. Ich lächelte sie an und sagte „konnichi wa", woraufhin sie die obligatorischen Fotos schossen und wir Visitenkarten austauschten. Ein paar Wochen später fand ich einen Brief aus Japan mit den Photos aus Bora Bora in der Post nebst der Ankündigung, dass Kiyoko, eine der beiden Japanerinnen, in der darauf folgenden Woche Hawaii besuchen würde. Wir verabredeten uns zum Abendessen, und während unserer sich bis tief in die Nacht fortspinnenden Unterhaltung wuchs eine zarte und zugleich nachhaltige Verbindung zwischen uns. Obwohl sie nicht besonders gut Englisch sprach, hatten wir keine Verständigungsschwierigkeiten und entdeckten im Nu zahlreiche Gemeinsamkeiten. Kiyoko lebte zu dieser Zeit bereits getrennt von ihrem Mann und wurde bald darauf geschieden. Eine persönliche Katastrophe hatte Kiyokos Leben für immer verändert. Ihre Tochter, ein intelligentes und hübsches Mädchen, war im Alter von vierzehn Jahren an Leukämie erkrankt. Ein ganzes Jahr lang hatte das Mädchen auf der Intensivstation eines Krankenhauses in Kyoto verbracht, bis es am Ende doch den Kampf gegen die Krankheit verlor. Kiyoko hatte damals kurzentschlossen ihr Geschäft aufgegeben, um sich um ihre Tochter im Krankenhaus kümmern zu können.

Da es für Kiyoko nach dem Tod ihrer Tochter und der Trennung von ihrem Mann schwer war, zur Ruhe zu kommen, verreiste sie häufig in Begleitung von Freundinnen. Auf einer dieser Reisen, die sie nach Tahiti führte, lernten wir uns kennen. Piilanis Erkrankung an Alzheimer sowie die Tatsache, dass sie seit Jahren in dem Pflegeheim vor sich hindämmerte, wo sie bald sterben und ich sie endgültig verlieren würde – all das schien uns wie ein Echo von Kiyokos tragischer Geschichte und verband uns beide nur noch mehr.

Nach unserer ersten Begegnung besuchte mich Kiyoko noch oft auf Hawaii und begleitete mich ebenso auf meinen Reisen. Als japanische Staatsbürgerin brauchte sie zwar kein Visum, dafür war ihr Aufenthalt aber auf drei Monate begrenzt und so war sie genötigt, so manches Mal zwischen Japan und Hawaii hin und her zu „pendeln". Nachdem Piilani im Pflegeheim Hilo Life Care Center verstorben war, heirateten Kiyoko und ich in einer schlichten Zeremonie in den Räumlichkeiten eines Richters am hawaiianischen Obersten Gericht. Bald darauf erhielt Kiyoko eine unbegrenzte Aufenthaltsgenehmigung für die USA. Sie hat sich inzwischen gut auf Hawaii eingelebt und schätzt vor allem den „aloha spirit", die sprichwörtliche hawaiianische Gastfreundlichkeit und Umgänglichkeit. Sie liebt die Naturschönheiten ihrer neuen Heimat und das Leben in unserem Zuhause in Maunawili, das in einer idyllischen ruhigen Talmulde unterhalb des Gipfels des hochaufragenden Mount Olomana liegt. Kiyoko hat dort eine sichere

Zuflucht gefunden und kann ihre künstlerischen und kulinarischen Talente nach Herzenslust ausleben.

Da ihr bewusst war, wie wichtig gute Englischkenntnisse für sie waren, besuchte sie umgehend Kurse für Ausländer und lernte dort rasch Menschen aus aller Herren Ländern kennen, die heute noch zu ihrem Freundeskreis zählen. Sie machte sich bald mit der Fertigung hawaiianischer Quilts vertraut und stellte eine Vielzahl schöner Wandbehänge, Kissenbezüge und Bettdecken her. Später entdeckte sie das Töpfern für sich: Ihre kleinen und großen Kunstwerke tragen viel dazu bei, in unserem Heim eine wohnliche Atmosphäre zu schaffen, die bestens zu der entspannten hawaiianischen Gastfreundschaft und Lebensart passt.

Abbildung 126: In der Region Kansai zur Zeit der Kirschblüte.

Abbildung 127: Kiyoko und ich vor einer ägyptischen Pyramide.

Abbildung 128: Bei einem Ausflug zu einem Gletscher in Argentinien.

Abbildung 129: Kiyoko in Yoga-Pose vor der Ruinenstadt Machu Picchu.

Der Literaturzirkel „Damon Book Group" und die „World Association of International Studies"

Literatur und Bücher haben in meinem Leben schon immer eine besonders wichtige Rolle gespielt. Diese Leidenschaft kommt auch in meiner jahrzehntelangen Mitgliedschaft in der Damon Book Group zum Ausdruck, einem nach meinem guten Freund Frank Damon benannten Literaturzirkel. Frank hatte die Gruppe in den 1950ern gegründet, nachdem er sein Jurastudium abgeschlossen hatte und in seine Heimat Hawaii zurückgekehrt war, um dort als Anwalt zu arbeiten. Zunächst zählte der Literaturkreis ausschließlich männliche Mitglieder aus den unterschiedlichsten Berufen, die alle den Wunsch teilten, ihren Horizont durch Lektüre zu erweitern und im Kreis Gleichgesinnter angeregt über das Gelesene zu diskutieren. Heute gehören auch einige Frauen sowie Schriftsteller und Sachbuchautoren zur Damon Book Group.

Die Teilnehmer wählen abwechselnd ein Buch aus, das aufgrund seines Zeitbezugs oder anderer Aspekte für die Lektüre in unserem Kreis vielversprechend und anregend erscheint. Dabei umfasst die Palette der von uns besprochenen Bücher klassische wie moderne Literatur, Belletristik ebenso wie Sachliteratur; auch lyrische und dramatische Werke finden bei uns ihren Platz.

Falls sich die Autorin oder der Autor des betreffenden Buches zufällig gerade auf Hawaii aufhält, wird er oder sie eingeladen, an unserem Forum teilzunehmen, was dem Treffen natürlich eine ganz besondere Note verleiht. So war zum Beispiel George Ariyoshi, seines Zeichens ehemaliger Gouverneur von Hawaii, persönlich anwesend, als unser Kreis sich mit seiner Autobiographie beschäftigte. Gelegentlich hielten wir unsere abendlichen Diskussionsrunden auch in einem Hotel auf einer der benachbarten Inseln ab, wo wir tagsüber die Gelegenheit nutzten, uns zu entspannen. Bei einer dieser Gelegenheiten organisierte ich für die angereisten Mitglieder einen Ausflug nach Tahiti und auf die benachbarten Inseln, damit ich ihnen Französisch-Polynesien zeigen konnte.

Erstaunlicherweise besteht unser Buchclub seit nunmehr fünfzig Jahren, ohne dass wir eine Unterbrechung eingelegt hätten. Einige der Mitglieder des Clubs sind bereits verstorben und ihre Söhne an ihre Stelle getreten. Die enge freundschaftliche Beziehung unter den Mitgliedern sowie die intellektuelle Anregung, die wir aus unseren Gesprächen ziehen, sind uns allen als wichtiger Bestandteil unseres Lebens auf Hawaii lieb und teuer geworden.

Abbildung 130: Die Mitglieder der „Damon Book Discussion Group" im Jahre 1990 auf der Fähre nach Moorea auf Tahiti.
Vorne knieend: Ricky Reppun und Kitty Damon.
Hintere Reihe: Chip Higgins, meine Tochter Dita Ramler, Cobey Black, Beadie Dawson, als Gast Yoshi Sinoto, Frank Damon (hinten), ich und Don Dawson.

Über die Mitgliedschaft in diesem vertrauten Zirkel hinaus bin ich aktives Mitglied in einem größeren, internationalen Diskussionskreis, nämlich der „World Association of International Studies" (WAIS), die von der Stanford Universität in Kalifornien aus operiert. Diese Vereinigung, deren Mitglieder per E-Mail und Internet miteinander in Verbindung stehen, wurde von einem emeritierten Professor der Stanford Universität, dem inzwischen verstorbenen Ronald Hilton, gegründet. Inzwischen wird sie von dessen Nachfolger geleitet. Die Mitglieder der Vereinigung kommen aus aller Herren Länder und üben die unterschiedlichsten Professionen aus. Die meisten von ihnen sind Akademiker und sind oder waren beruflich mit der Stanford Universität verbunden. Via E-Mail verschicken die Teilnehmer ihre Ansichten und Kommentare zu unterschiedlichsten Themen, so etwa zu Fragen der amerikanischen Innen- und Außenpolitik. Diese Themen, vor allem, wenn sie kontrovers sind und zu engagierter Debatte führen, werden aus allen nur denkbaren Blickwinkeln beleuchtet, sei es aus einer eher philosophisch-politischen oder aber gesellschaftlich-sozialen Perspektive. Manchmal verspüre ich den Drang, mich an der Diskussion zu beteiligen, dann schicke ich eigene Stellungnahmen oder reagiere auf die Debattenbeiträge anderer Mitglieder. Mehrfach kamen die Mitglieder der WAIS bereits auf Konferenzen in Stanford zusammen, was den ansonsten virtuellen Austausch auf eine reale und vor allem spürbar persönlichere Ebene hob. Bei diesen Treffen werden zu vorgegebenen Themen kurze Statements vorgetragen, denen sich dann eine Diskussion anschließt. Bei der zeitlich letzten Konferenz im Jahre 2009 hieß das Generalthema „Globalities and Localities"; dabei wurde intensiv erörtert, welche Wirkungen das Phänomen der Globalisierung auf lokaler Ebene zeitigt. Das Schönste an diesen Treffen ist natürlich die Tatsache, dass man hier das per E-Mail geführte Gespräch einmal von Angesicht zu Angesicht fortführen und vertiefen kann.

Entdeckungsreisen

Mein langjähriges Engagement für internationale Bildungskooperationen führte mich besonders häufig zu Zielen in der Asien-Pazifik-Region. Diese Reisen haben für mich immer eine ganz besondere Bedeutung, da sie mich mit Pädagogen und Lehrern aus den verschiedensten Ländern in Kontakt bringen, woraus nicht selten dauerhafte Freundschaften entstehen. In Japan und China habe ich inzwischen zahlreiche Freunde und Bekannte und darf somit vieles sehen und erleben, das Touristen normalerweise verschlossen bleibt. Egal, ob durch Einladungen ins traute Heim, gesellige Abendessen in Restaurants oder Ausflüge mit ortskundigen Einheimischen zu faszinierenden Stätten des jeweiligen Landes – stets werden meine Reisen durch diese Art von persönlicher Begegnung zu ganz besonders wertvollen Erlebnissen.
In beruflicher Hinsicht sind diese persönlichen Kontakte ohnehin unentbehrlich: Erst sie ermöglichen mir ein tieferes Verständnis der gesellschaftlichen und wirtschaftlichen Bedingungen des jeweiligen Landes aus der Perspektive der einheimischen Bevölkerung. Ohne die geschilderten Beziehungen hätte ich zum Beispiel die bemerkenswerte Entwicklung, die China im Laufe der letzten Jahrzehnte durchlebt hat, niemals in dieser umfassenden Weise nachvollziehen und begreifen können.
Auch Kiyoko liebt es zu reisen und hat mich bereits so manches Mal begleitet, wenn ich meine beruflichen Aufgaben mit dem Entdecken kultureller und landschaftlicher Schönheiten verbinden konnte. Eine dieser Exkursionen führte mich nach Neu Delhi, wo ich mich mit indischen Bil-

dungsexperten und Regierungsvertretern traf, um Informationen und aktuelle Daten für einen Artikel einzuholen, an dem ich gerade schrieb. Eine indische Bekannte zeigte Kiyoko unterdessen Geschäfte und Sehenswürdigkeiten der indischen Hauptstadt. Nach dem kurzen Aufenthalt in Neu Delhi reisten wir zusammen nach Agra zum berühmten Taj Mahal, anschließend in den malerischen Bundesstaat Rajasthan.

Im Anschluss an einen meiner zahlreichen Aufenthalte in Peking nutzten Kiyoko und ich im Herbst 1999 die Gelegenheit, um für eine Woche nach Tibet zu reisen. Das Land mit seiner so ganz eigenen Aura des Mysteriösen hatte ich schon seit Jahren einmal aus nächster Nähe kennen lernen wollen. Bereits der Flug nach Lhasa erwies sich als ein spektakulärer Auftakt – die Maschine glitt über endlose Reihen schneebedeckter Gipfel, aus deren Band immer wieder Gletscher und schroff zerklüftete Schluchten herausstachen. Der strahlend blaue Himmel mit dem grellen Weiß des Schnees und den luftigen Wolken boten ein unvergleichliches Schauspiel, das augenblicklich nachvollziehbar machte, warum diese Region der Erde als das Dach der Welt bezeichnet wird.

In Lhasa, wo wir einige Tage verbrachten, um uns an die extreme Höhe zu gewöhnen, besichtigten wir als erstes den Potala sowie weitere Sehenswürdigkeiten der Hauptstadt. Aberdutzende von Klöstern und heiligen Stätten der Tibeter wurden im Zuge der Kulturrevolution verwüstet oder gänzlich vernichtet, nur der Potala und einige der wichtigsten Klöster wurden verschont. Wie man mir erzählte, war das einzig und allein dem persönlichen Eingreifen Tschou-En-lais zu verdanken, der damals als Staatsratsvorsitzender und zugleich Außenminister der Volksrepublik China amtierte.

Ein einheimischer Führer brachte uns im Jeep mit Allradantrieb in verschiedene Dörfer, die in einer Höhe von ca. 4.500 Metern, längst oberhalb der Baumlinie lagen. Als wir an einem traumhaft schönen Bergsee vorbeifuhren, ließen wir den Fahrer anhalten und eine längere Pause einlegen, während wir langsam wandern gingen. Niemand außer uns war in dieser Höhe unterwegs, daher herrschte absolute Stille, die den passenden Rahmen abgab, um die majestätischen Fernblicke rundum nach Herzenslust zu genießen.

Nachdem wir die Nacht in einem Dorfgasthof verbracht hatten, hielten wir am Haus eines tibetanischen Bauern, den wir fragten, ob wir ihm einen kurzen Besuch abstatten dürften. So lernten wir die Großfamilie dieses Mannes kennen, der Gerste anpflanzte. Man lud uns in den Innenhof ein, wo man uns Buttertee anbot, ein würziges Getränk aus Yakbutter. Alle Sprachprobleme wurden mittels Lächeln und Händeschütteln überbrückt. Der wettergegerbte Großvater und Patriarch der Bauernfamilie nahm dort gerade sein Mittagessen ein; rasch gesellten sich rund ein Dutzend weiterer Familienmitglieder zu uns, die um keinen Deut weniger neugierig auf uns waren als wir auf sie. Kaum erkundigten wir uns nach den vielen kleinen Kindern, die hier herumsausten, erfuhren wir, dass die chinesische Ein-Kind-Politik Tibet nicht betrifft und dass auch andere von Minderheiten bewohnte Regionen von dieser Regelung ausgenommen sind. Bei unserem Besuch war von politischen Konflikten nichts zu spüren, doch brodelte es fraglos unter der Oberfläche. Bei unserer Abreise konnte ich nur inbrünstig hoffen, dass sich in Tibet irgendwann einmal wieder die Harmonie einstellen wird, die man seit Jahrhunderten mit dem Land verbindet.

Viele weitere solcher Reisen folgten, die mich in andere Regionen Asiens führten, unter anderem nach Kambodscha. Dieses Land übte eine ganz besondere Faszination auf mich aus, da es aufgrund jahrzehntelanger blutiger Wirren gänzlich vom Rest der Welt abgeschottet gewesen war. Besonders eine im Jahre 1998 unternommene kurze Reise dorthin wird mir unvergesslich bleiben. Denn dank der Kontakte der University of Hawaii zur Kunsthochschule in Pnom Penh begleitete mich ein Archäologe in die zum Weltkulturerbe zählende Tempelanlage Angkor Wat. Was er über die imperiale Pracht des alten Angkor erzählte und mir an Details und Hintergrundwissen zu den berühmten Basreliefs erläuterte, sind bleibende Erinnerungen. Hinzu kam, dass viele ältere Kambodschaner noch immer sehr gut das in der Kolonialzeit erlernte Französisch sprechen, sodass ich des Öfteren spannende Gespräche führen konnte, in denen ich viel über die Vergangenheit des Landes und die tragischen Jahre des Terrors unter den Khmer Rouge erfuhr.

Von Bangkok aus reiste ich bei anderer Gelegenheit nach Burma, in das Land der goldenen Pagoden. Insbesondere die Shwegadon-Pagode in Rangoon mit ihrer mächtigen goldenen Hauptstupa wird mir auf ewig unvergesslich bleiben.

Im Laufe der Jahre ist es mir zur festen Gewohnheit geworden, wichtige Eindrücke und Begegnungen und Kommentare dazu in Notizbüchern aufzuzeichnen. Auf dieser Grundlage arbeite ich später schriftliche Zusammenfassungen meiner Reiseeindrücke aus, um sie mit meinen Kollegen und meinem Freundes- und Bekanntenkreis teilen zu können. Leider habe ich bemerkt, dass das Erlebte rasch verblasst, wenn ich es nicht in Wort oder Bild für mich festhalte. Nicht zuletzt bei der Niederschrift meiner Lebenserinnerungen habe ich bedauert, dass ich nicht schon in jüngeren Jahren anfing, meine Erlebnisse und meine Gefühle dauerhaft zu dokumentieren, da dies das Geschilderte gewiss durch das eine oder andere farbige Detail vertieft und bereichert hätte.

Über die Rolle des Sports in meinem Leben

Ich war nie ein großer Anhänger von Mannschaftssportarten, deren Wettbewerbsgeist und Konkurrenzdenken in der amerikanischen Kultur eine solch wichtige Rolle spielt. Immer schon ziehe ich Sportarten wie Joggen, Schwimmen und Wandern vor. Als ich frisch aus Europa nach Hawaii gekommen war und gerade begonnen hatte, an der Punahou School zu unterrichten, verwunderte mich die regelrechte Hysterie, die vom Beginn der American-Football-Saison und vom Wettstreit mit anderen Schulen ausgelöst wurde.

Obwohl man mir versicherte, dass derartige sportliche Wettbewerbe für die Charakterbildung junger Leute wichtig seien und obendrein ein gutes Ventil für deren überschüssige Energie darstellten, bin ich bis heute nicht davon überzeugt, dass Anfeuerungsrufe wie „Macht sie nieder, walzt sie platt" ein Zeichen von Sportsgeist sind, geschweige denn charakterbildende Auswirkungen haben.

Ich selbst war nie besonders sportlich gewesen, bis man mich vor etwa dreißig Jahren einlud, mit anderen Kollegen aus der Schule an einem Staffellauf über eine Distanz von acht Kilometern teilzunehmen. Obwohl man mir das vielleicht nicht zugetraut hatte, machte mir der Wettbewerb großen Spaß, sodass ich mich im Anschluss daran für den Honolulu-Marathon mit der vollen Distanz von zweiundvierzig Kilometern anmeldete, der im Winter darauf stattfinden sollte. Ich nahm die Herausforderung an und erstellte mir ein tägliches frühmorgendliches Trainingsprogramm, bei dem ich die Kilometerzahl und die Schrittfrequenz allmählich steigerte. Auf diesen ersten Marathon, den ich erfolgreich zu Ende lief, sollten noch zwölf weitere folgen.

Ich merkte bald, wie sehr ich von der Tatsache profitierte, dass ich mehrmals in der Woche zum Laufen ging und dabei zwischen längeren und kürzeren Trainingseinheiten abwechselte: Ich war ausdauernder und gesünder, durchtrainiert, hatte einen guten Appetit, schlief gut – kurzum, ich fühlte mich rundum wohl. Dazu kam der schöne Nebeneffekt, gemeinsam mit Freunden zu laufen, zumeist früh am Morgen und an den Wochenenden über längere Distanzen. Aber auch alleine zu laufen, bereitete mir große Freude, fand ich dabei doch die beste Gelegenheit, über Gott und die Welt nachzudenken. Ich konnte sogar feststellen, dass mir der fast meditative Effekt dieser langen, einsamen Runden half, über verschiedene berufliche oder private Herausforderungen nachzugrübeln, Lösungswege zu suchen und zu finden.

Auch auf meinen beruflichen Reisen habe ich immer meine Laufausrüstung im Gepäck. Egal, in welcher Zeitzone ich mich befinde, stelle ich mir frühmorgens den Wecker oder lasse mich im Hotel telefonisch wecken, um noch vor dem Frühstück eine Runde zu laufen. Ich habe bemerkt, dass diese allmorgendliche Routine verlässlich gegen Beschwerden durch die Zeitverschiebung hilft und ich mich bei Besprechungen oder allem, was mich an dem Tag sonst noch erwartet, weit besser konzentrieren kann.

Dank meiner Joggingrunden konnte ich hautnah beobachten, welch grundlegenden Wandel China in der Zeit nach Mao erlebte und wie sich der vormals spartanische Lebensstil im Zuge der ideologischen Öffnung und des Wirtschaftwachstums veränderte. Als ich 1978 im Beijing Hotel mitten im Stadtzentrum Pekings wohnte, sah ich unzählige Fußgänger auf den breiten Boulevards, die allesamt, ob Mann, ob Frau, graue oder blaue Arbeiterkittel und Hosen trugen. Kein einziges privates Automobil war auf der Straße zu sehen, und nur dann und wann fuhren Lastwägen oder Regierungsfahrzeuge vorbei. Stattdessen war in beiden Fahrtrichtungen ein reger Strom von Fahrradfahrern unterwegs; oft saß noch eine zweite Person oder aber ein Kind auf der Stange des Rahmens. Als ich mich kurz nach der Morgendämmerung mit meinen Nike-Laufschuhen, Shorts und einem bunten T-Shirt ins quirlige Treiben mischte und loslief, war ich sogleich eine Sensation. Dutzende Fahrradfahrer zu meiner Linken wie zur Rechten bremsten und fuhren langsamer, um sich diesen Fremden anzusehen, der da in knallbunter Sportkleidung durch die Straßen Pekings trabte. Das neugierige Staunen wich einem Lächeln, sobald ich lauthals „Ni Hao" („Wie geht's, guten Tag") rief, was ich dann beinahe die ganze Morgenrunde lang beibehielt.

Heute hingegen, dreißig Jahre später, sind die Straßen voller Autos, die oft genug im Stau stecken oder nur stockend vorankommen. Dafür sind Ausländer genau wie Jogger längst nichts Besonderes mehr, dem irgendein Passant größere Beachtung schenken würde.

Wenn ich mich in einer fremden Stadt aufhalte, sei es nun in Asien oder in Europa, laufe ich stets langsam durch die Straßen und halte an, sobald mir etwas besonders interessant erscheint. Manchmal greife ich zu einem Stadtplan, um mir bereits vorher eine Route zu der einen oder anderen Sehenswürdigkeit einzuprägen. Meist laufe ich jedoch ohne Plan los und entdecke so rein zufällig malerische Stadtviertel und charakteristische Architektur. Immer wieder komme ich gerade zur rechten Zeit, wenn Einheimische auf einem der öffentlichen Märkte ihre Waren zum Verkauf auslegen und ihre frühmorgendlichen Einkäufe erledigen. In China treffe ich zu dieser Zeit häufig auf Gruppen, die gemeinsam Tai-Chi üben. Ich halte dann

gerne an, schaue eine Weile zu und schließe mich den Übungen an, was immer Anlass zu Gelächter und kleinen Frotzeleien gibt.
Die allmorgendlichen Runden auf Schusters Rappen stellen für mich inzwischen eine ganz besonders angenehme und schöne Art und Weise der Erkundung fremder Städte dar, die ich auf Augenhöhe erlebe, wenn sie sich am Morgen noch verschlafen die „ungeschminkten Augen" reiben.

Abbildung 131: Beim Überqueren des Ziels.

Abbildung 132: Ich 1979 mit dem auf Hawaii lebenden Anwalt Donald Low auf einem steilen Anstieg der Großen Mauer. Donald Low begleitete uns als Vater bei einer Reise von Schülern der Punahou School nach China.

Schlussfolgerungen

Lasse ich die Stationen meines Lebens noch einmal vor meinem inneren Auge Revue passieren – die Kindheit im Wiener Wohnbezirk Leopoldstadt, die Reise mit einem Kindertransport nach England und das Erleben der Kriegsjahre als Heranwachsender in London, als nächstes die Fügung, dass ich nach dem Krieg als Dolmetscher bei den Nürnberger Kriegsverbrecherprozessen arbeiten konnte, daran anschließend die Übersiedlung nach Hawaii, die wiederum meine berufliche Laufbahn als Fremdsprachenlehrer mit einer Passion für das Organisieren von Austauschprogrammen mit anderen Ländern nach sich zog –, entdecke ich unterm Strich doch so etwas wie einen roten Faden, der sich durch all diese turbulenten Jahre zieht. Mein Leben ist – kurz gesagt – untrennbar mit den epochalen Ereignissen verknüpft, die das 20. Jahrhundert prägten. Deshalb landete ich eben nicht rein zufällig in Wien, London und Nürnberg, wo ich das Geschehen immer aus zwei Perspektiven erlebte: einerseits als kritischer Beobachter und andererseits als in die Zeitgeschichte verstrickter Akteur. Später dann auf Hawaii arbeitete ich als Pädagoge, wo ich mich vor allem darum bemühte, die schulischen Lehrpläne zu reformieren und den Schülern neue Lernmöglichkeiten zu eröffnen. Als wichtigstes Ziel hatte ich dabei stets eines im Sinn: den Schülern neue Horizonte zu eröffnen und sie zu ermutigen, sich intensiv mit der Rolle auseinanderzusetzen, die ihnen in einer globalisierten Welt zukam. Es war mir ein Herzensanliegen, die Welt ins Klassenzimmer zu holen und gleichzeitig das Klassenzimmer gedanklich zu öffnen, um den Schülern neue Zugänge zur Welt zu zeigen.

All das hatte ohne Frage sehr viel mit meiner Biographie zu tun. Das Leben in London – ohne meine Eltern, damit erstmals in eigener Verantwortung – erforderte Erfindungsreichtum, um unter den neuen und aufgrund des Krieges schwierigen Bedingungen zurechtzukommen. In London lernte ich zusätzlich zu meiner Muttersprache Deutsch auch fließend Englisch, darüber hinaus wurde ich dort in einem fort mit neuen Herausforderungen konfrontiert. Dass ich in London lebte, ließ mich zum einen tief in die sprachlichen und kulturellen Eigenheiten des Landes eintauchen, rückte aber zum anderen alles in eine umfassende Perspektive, die weit über alle Staatsgrenzen und borniertes Nationaldenken hinausreicht. Auch die von mir besuchten Abendkurse, meine Lektüre und meine Freundschaften sowie Sozialkontakte bestärkten diese weltoffene Grundhaltung, die sich später bei meiner Arbeit als Dolmetscher im Kriegsverbrecherprozess in Nürnberg als sehr hilfreich erwies.

Auch mein Bildungsweg von der Einschulung bis zur Universität verlief aufgrund der Vorgaben durch die Zeitgeschichte völlig anders, als dies in normaleren Zeiten üblich gewesen wäre. Im Ergebnis stellte sich meine Schulbildung als eine bunte Mischung aus regulärem schulischem Ausbildungsgang und experimentellem Lernen dar, unterstützt und ergänzt durch viel autodidaktisch betriebenes Lesen und Lernen. Hinzu kamen wichtige Begegnungen mit Mentoren und Freunden, die wesentlich zu meiner persönlichen Entwicklung beitrugen.

Den Aufgaben, denen ich mich in London und Nürnberg gegenüber sah, spielten bei der Formung meiner Persönlichkeit eine deutlich wichtigere Rolle als die klassische Schulbildung, die ich genossen hatte. Kontakte mit beeindruckenden Zeitgenossen haben dauerhaft meine Charakterentwicklung beeinflusst.

Als Beispiel seien hier nur zwei weitere persönliche Begegnungen genannt: 1946 besuchte ich in Rom George Santayana, Philosoph, Romanautor und Kulturkritiker, der sein letztes Lebensjahrzehnt in einem römischen Kloster verbrachte. Mehr noch als der Inhalt unserer Unterhaltung bleibt mir unvergesslich, welch sympathische Person mir damals gegenüber saß und was für einen brillanten Geist sie besaß. George Santayana steht beispielhaft für die vielfältigen Erkenntnisse und Einsichten, die mir im Laufe meines Lebens aus Gesprächen mit anderen zuteil wurden. Er erschien mir als die Verkörperung des Zugewinns an Weisheit, den philosophisches Nachdenken über sich selbst und die Welt mit sich bringt. Das ist der Weg, auf dem das Leben des Individuums gelingen kann.

Wenige Jahre darauf lernte ich beim Nürnberger Nachfolgeprozess gegen die angeklagten Nazi-Ärzte Wing Commander John Thompson kennen, den britischen Physiologen, dem bei der gerichtlichen Untersuchung und Aburteilung dieser medizinischen Experimente der Nazis eine Schlüsselrolle zukam. Auch die Begegnung mit ihm hinterließ bei mir einen starken Eindruck. Dr. Thompson hatte sein Medizinexamen an der Universität Edinburgh gemacht und war Spezialist sowohl auf dem Gebiet der Psychiatrie als auch dem der medizinischen Versuche in Druckkammern, die extreme Höhen simulierten. Dr. Thompson hatte ausgiebig zum Themenbereich medizinischer Experimente geforscht, und ich erinnere mich an lange Gespräche mit ihm über Ethik in der Medizin und die Grenzen medizinischer Eingriffe und Forschung. Wir sprachen auch viel über seine Erziehungsphilosophie, wobei mein Gegenüber auf die Erfahrungen zurückgreifen konnte, die er als Dozent im Fach Anatomie gemacht hatte. So ließ er seine Studenten Feldstudien betreiben und beispielsweise Leistungssportler beim Training beobachten, was ihnen weit authentischere Lernerlebnisse als alle akademischen Vorlesungen eröffnete. Seine Studenten sollten auch außerhalb des Hörsaales Erfahrungen sammeln und dort vertiefende Erkenntnisse über die Möglichkeiten und Grenzen des menschlichen Körpers gewinnen. Die von Dr. Thompson zitierten Beispiele einer innovativen Lehrpraxis und sein beharrlicher Einsatz für experimentelles Lernen beeindruckten mich nachhaltig und halfen mir, meinerseits einen kritisch die Traditionen hinterfragenden Geist auszubilden. Das alles machte sowohl das Unterrichten als auch die davor geschaltete Didaktik in meinen Augen zu lohnenden Aufgaben.

Ohne jeden Zweifel hatten die Erfahrungen, die ich bei den Nürnberger Prozessen machte, großen Einfluss auf mein späteres Leben. Sie prägten meine Weltsicht und meine zukünftige Rolle als Erzieher und den an der Verständigung zwischen den Menschen interessierten Weltbürger. Die ehemals führenden Köpfe des nationalsozialistischen Deutschlands ihrer Position und Macht beraubt zu sehen und sie sowohl bei den Verhören vor dem Prozessbeginn als auch vor Gericht als ganz normale Personen zu erleben, führte mir in aller Eindringlichkeit vor Augen, was Hannah Arendt einst mit dem Begriff „Banalität des Bösen" auf den Punkt gebracht hat. In Nürnberg lernte ich durch die Zeugen, deren Aussagen sowie die vorgelegten Schriftstücke die Unmenschlichkeit kennen, die Menschen in ungeheurem Ausmaß an anderen Menschen verübten. Dadurch wurde ich beinahe selbst zum Augenzeugen, erfuhr aus nächster Nähe die schrecklichen Auswirkungen einer brutalen Diktatur. Die seelenlose Politik der Nationalsozialisten, die in Nürnberg zur Sprache kam, hatte ja auch mein persönliches Schicksal und das Schicksal meiner ganzen Familie beeinflusst: Man denke nur an die so beschwerliche Flucht meiner Eltern aus Österreich und an die Verhaftung und Ermordung meines Großvaters mütterlicherseits. Die Erfahrungen von Nürnberg, überhaupt die ganze grausame Geschichte der Naziära der Dreißiger Jahre, führten mir zwingend vor Augen, welch enorme Gefahr von unkontrollierter Macht ausgeht und wie notwendig es ist, Recht und Gerechtigkeit weltweit zur Durchsetzung zu verhelfen.

Als mir später der Direktor der Punahou School auf Hawaii eine feste Stelle als Lehrer für Fremdsprachen anbot, entdeckte ich rasch zweierlei: welch große Herausforderung es darstellt, junge Menschen zu unterrichten, und wie überaus befriedigend es sein kann, wenn man auf ihre geistige und menschliche Weiterentwicklung und Bildung Einfluss nehmen kann.

Als etliche Jahre darauf an der Punahou School das Wo International Center eingerichtet wurde, das sich die Austauschförderung von Schülern und Lehrern im gesamten Asien-Pazifik-Raum zum Ziel gesetzt hatte, wurde es mir möglich, meine Bemühungen auf eine breitere Basis zu stellen. Hier ließen sich die Grundlagen einer international ausgerichteten Pädagogik ausarbeiten und verfeinern, einer Pädagogik, die alle Landes- und Sprachgrenzen überschreitet und sich nicht allein dem Wohl und Nutzen der Punahou School, sondern der hawaiianischen Gesellschaft insgesamt verpflichtet weiß. Bis heute eröffnet das Wo Center Schülern bzw. Gymnasiasten aus Hawaii die Teilnahme an Unterrichtsprogrammen im Ausland, umgekehrt lädt es ausländische Schüler und Schülerinnen aus vielen Ländern an die Punahou School ein, die dadurch die Chance bekommen, für einige Zeit auf Hawaii die Schule zu besuchen. Das Zentrum hat mittlerweile sein Angebot erweitert und bietet zusätzlich Fort- und Weiterbildungsprogramme für Lehrkräfte an – sowohl für den Lehrkörper der Punahou School als auch für Sekundarlehrer aus dem gesamten Asien-Pazifik-Raum.

In gewisser Weise beweist das Wo Center, dass langer Atem reiche Früchte bringen kann – denn der Keim zur späteren Blüte wurde gelegt, als ich 1951 anfing, an der Punahou School Fremdsprachen zu unterrichten.

Abbildung 133: Keio-Schüler beim konzentrierten Lernen in einem Klassenzimmer der Punahou School.

Im Einklang mit meinen bisherigen Aufgaben begreife ich mein derzeitiges Wirken als für die Bildungsprogramme zuständiger „Adjunct Fellow" des East-West Center Hawaiis als Vertiefung und praktische Anwendung der Erfahrungen, die ich in jahrzehntelanger Arbeit an den Themen und Problemen der internationalen Pädagogik gesammelt habe.

Diese Tätigkeit erlaubt mir zudem, mich am weiteren Ausbau der Kontakte des East-West Center in alle Länder der Asien-Pazifik-Region zu beteiligen. Die Programme des Centers erreichen mittlerweile Schüler wie Lehrer, Studenten wie Dozenten aus ganz Asien und aus den USA. Als schönste Belohnung für mich persönlich will und darf ich die starken Bande der Freundschaft zu Kollegen in vielen Teilen der Welt nennen, die sich aus meinem Eintreten für eine internationale, Sprach- und Landesgrenzen überschreitende Pädagogik ergeben haben. Mein berufliches Engagement hat mir durch mannigfaltige Reiseerfahrungen und die daraus entstandenen Verbindungen zu Kollegen in aller Welt die reiche Vielfalt der Weltkulturen erschlossen.

Nach den gewaltsamen Umbrüchen des 20. Jahrhunderts und meiner aufreibenden Arbeit als Dolmetscher bei den Nürnberger Prozessen verläuft mein Leben auf Hawaii in angenehm friedlichen Bahnen: Ich genieße die Einbindung in eine multi-ethnische und harmonische Gesellschaft, die wunderschönen Landschaften der Inselkette, dazu ein engmaschiges Netzwerk aus Familie und Freunden und nicht zuletzt auch die Tatsache, dass Hawaii für Reisen in den Asien-Pazifik-Raum ein optimaler Ausgangspunkt ist.

Rufe ich mir all die Ereignisse und Erfahrungen meines Lebens im Rückblick vor Augen, so steht für mich außer Frage, dass Erziehung und Bildung bei unserem Bestreben, eine harmonischere Welt zu schaffen, die zentrale Rolle spielen: Nur wenn alle Menschen dieser Erde gleichermaßen Zugang zu Bildung haben, werden wir den Herausforderungen begegnen können, die das 21. Jahrhundert für uns bereit hält, wenn es darum geht, Frieden und Überleben für alle zu sichern. Ich bin zutiefst dankbar, dass ich einen kleinen Beitrag zu dieser großen Aufgabe leisten durfte.

Danksagungen des Autors
Über etliche Jahre hinweg haben mich Freunde und Kollegen zur Niederschrift meiner Erinnerungen aus acht Lebensjahrzehnten ermutigt. Sie wollten mehr erfahren über meine Eindrücke und Gefühle auf meiner Lebensbahn – über eine Reise, die mich nach einem turbulenten Auftakt in Europa nach Hawaii brachte, wo ich lange Jahre im Bildungswesen arbeitete. Über mich selbst zu schreiben, erforderte am Schreibtisch ein völlig neues Vorgehen. Bislang hatte ich ausschließlich Aufsätze über beruflich relevante Themen verfasst, die naturgemäß einigen Abstand zu meinen subjektiven Gefühlen hielten und halten mussten, jetzt aber zwang mich die Arbeit an meinen Lebenserinnerungen, mich zurückzubesinnen auf persönliche Erlebnisse und geschichtliche Ereignisse, die ich zuvor noch nie schriftlich für andere festgehalten hatte. Das fiel mir nicht leicht; ohne den Zuspruch und den fachlichen Beistand von Freunden und Kollegen hätte ich diese Memoiren nicht zu Papier gebracht.

Unter den Freunden, die mich über Jahre hinweg zu diesem Lebensrückblick gedrängt haben, möchte ich zunächst Elaine Blitman nennen, eine mir sehr liebe, mittlerweile ebenfalls pensionierte Kollegin von der Punahou School, die mich sacht, aber beharrlich dazu anhielt, mich doch bitte an die Tastatur zu setzen und an die Arbeit zu machen. Auch Mark Goldberg, ein weiterer enger Freund, gleichzeitig Autor und Lektor im Bereich Bildung und (wie ich) einst Empfänger eines Fulbright Stipendiums, stand mir mit Rat und Tat zur Seite. Paul (Doc) Berry, der diesen Band lektorierte, war mehrere Jahrzehnte lang Lehrer sowie Fachbereichsleiter an der Punahou School. Schon als mein Kollege äußerte er stets großes Interesse an meiner Biographie, und was er als erfahrener Autor, Lektor und Stilist zu der hier vorliegenden Niederschrift beisteuerte, geht weit über das Verbessern und Verdeutlichen einzelner Passagen hinaus. Er war es, der mich immer wieder anhielt, die auf meinen Seiten zur Sprache gekommenen Themen und Fragen ein weiteres Mal zu überdenken und zu vertiefen. Großherzig schenkte er mir seine Zeit – und was er sagte und kritisierte, hatte allzeit Hand und Fuß.

Von Herzen danken möchte ich auch MacKinnon Simpson, dem studierten Historiker, der diese Memoiren als Buchgestalter durch sein geschicktes Layout und seine erhellende Bebilderung entscheidend bereichert hat. Er ging zielstrebig ans Werk und machte viele Fotos und Illustrationen ausfindig, die den Hintergrund meiner Erinnerungen nicht nur verdeutlichen, sondern zu einer kurzweiligen Lektüre machen. Mein sehr herzlicher Dank gilt des weiteren meiner Tochter Dita Ramler, einer engagierten Bibliothekarin, die mir ebenfalls viele wertvolle Ratschläge gab.

Danksagungen des Layouters
Zunächst einmal möchte ich mich bei Siegfried Ramler bedanken, der nicht nur das Manuskript dieser unglaublichen Lebensgeschichte schrieb, sondern darüber hinaus noch all diese Fotos über Jahrzehnte hinweg aufbewahrte. Mein aufrichtiger Dank geht ferner an seine Tochter Dita, Bibliothekarin am Bishop Learning Center der Punahou School, für ihr gründliches Korrekturlesen und ihre Änderungsvorschläge, die diesem Buch sehr zugute kamen. Doc Berry, ein exzellenter Autor und Lektor, war zunächst ein penibler Bearbeiter von Siegfrieds Manuskript und auch mir später eine große Hilfe, als es um die Erstellung der Bildunterschriften ging. Seine Anmerkungen waren zugleich immer eine willkommene Ermutigung. Auch Kylee Omo, die Archivarin der Punahou School, war mir eine große Hilfe und steuerte in Hülle und Fülle Bildmaterial aus Siegfrieds langjähriger Berufstätigkeit an dieser Institution bei.
Ross Togashi leitet die Landkartensammlung der Hamilton Library der University of Hawaii und fand auch diesmal wieder, genau wie bei so manch anderen Büchern, DIE perfekte Karte zur Eintragung der Fluchtrouten, auf denen Siegfried vor den Nazis per Eisenbahn nach London und seine Eltern über die Donau und dann durch den Balkan und den Nahen Osten nach Palästina entkamen. Wie aber sollte man die exakte Route herausfinden? Zunächst versuchte ich es über Google, klar. Das führte zu zwei Historikern, die sich mit europäischer Eisenbahngeschichte befassen: Thorsten Büker aus Köln und Boris Chomenko aus Mulhouse im Elsass. Sie knöpften sich die Eisenbahnnetze und Kursbücher des Jahres 1940 vor und trugen das Ergebnis auf der von Ross beigesteuerten Landkarte ein.
Eine weitere wichtige Quelle war Peter Heigl, Zeitgeschichtler und Eisenbahnhistoriker, der eine ganze Reihe reich bebilderter Bücher über Deutschland im Krieg und in der Nachkriegszeit veröffentlicht hat. Er stellte uns wunderbare Fotos zur Verfügung, die ich nirgends anders finden konnte, schickte uns ferner einige seiner Bücher und korrespondierte ausführlich mit Siegfried. Auch der Kontakt zu den Übersetzern ins Deutsche kam über ihn zustande.
Siegfrieds Erfahrung des Kindertransports beeinflusste sein ganzes weiteres Leben; ich möchte daher Robert Sugar danken, der eine wunderbare (Wander)Ausstellung über die Kindertransporte kuratiert hat.
Frank Meisler floh ebenfalls in einem Kindertransport außer Landes und wurde später in Tel Aviv zu einem bekannten Bildhauer. Er erlaubte uns freundlicherweise, ein Foto seiner Skulptur am Londoner Bahnhof Liverpool Street in Sigs Memoiren aufzunehmen. Mein Dankeschön geht in die-

sem Zusammenhang auch an Hanita Tovi und Malka Fulman von Meislers Galerie in Tel Aviv.

Dennis Weidner hat eine faszinierende Website namens „Historical Clothing" ins Netz gestellt (http://histclo.com), die bei weitem mehr ist, als ihr Name besagt und unter anderem eine konzise Darstellung des „Anschlusses" samt vielen Fotos beinhaltet. Dennis war überhaupt eine große Hilfe, indem er mir noch diverse andere Bildquellen erschloss.

Auch Nancy Hartman vom Fotoarchiv des United States Holocaust Memorial Museum (USHMM) leistete mir unschätzbare Dienste beim Lokalisieren und Beschaffen von Bildmaterial. Laut der mit ihr getroffenen Vereinbarungen hier die erbetene Klarstellung: „Die in diesem Buch vertretenen Meinungen und Ansichten und der Kontext, in dem die vom USHMM beschafften Bilder erscheinen, geben nicht notwendigerweise die Überzeugungen oder die Politik des United States Holocaust Memorial Museum wider und unterstellen nicht deren Gutheißung oder Befürwortung durch diese Institution."

Sowohl das USHMM als auch die Library of Congress lassen ihre Bilder von externen Anbietern reproduzieren. Victor Pulupa von Dodge Color beschaffte mir rasch die bei ihm bestellten Scans und hätte nicht hilfreicher sein können. Mein Dank gilt auch Erica Kelly von der Library of Congress, die alle unsere Bestellungen für Fotos und Scans bearbeitete.

Geoff Walden ist der Urheber einer Website über das Dritte Reich (http://www.thirdreichruins.com); auch er war äußerst hilfreich bei der Lokalisierung einiger Quellen.

Die in Palolo wohnende Malerin Lee Samson bekam von uns ein extrem verblasstes Farbfoto von Annie und Moses Ahuna vor deren Haus ausgehändigt und machte daraus ein – quasi neues – Foto, das aussieht, als käme es frisch aus dem Labor von Kodak.

Zuletzt geht mein Dank an Lori Ikehara-Lyman, die mir ihre Kamera, ihren Zuspruch und insgesamt den geübten Blick der Künstlerin zur Verfügung stellte.

Bildnachweis

Abbildung 1 und 2	Library of Congress
Abbildung 3	United States Holocaust Memorial Museum (USHMM)
Abbildung 4–7	Siegfried Ramler
Abbildung 8–10	MacKinnon Simpson
Abbildung 11–13	Siegfried Ramler
Abbildung 14	Library of Congress
Abbildung 15–16	Siegfried Ramler
Abbildung 17	Library of Congress
Abbildung 18	http://histclo.com/essay/war/ww2/camp/eur/ea/eag-anc.html. Stand: 24.11.2009
Abbildung 19–23	USHMM
Abbildung 24–25	Siegfried Ramler
Abbildung 26	USHMM
Abbildung 27	Frank Meisler
Abbildung 28	USHMM
Abbildung 29	Siegfried Ramler
Abbildung 30	University of Hawaii, Map Collection: Die eingezeichneten Routen wurden durch Thorsten Büker und Boris Chomenko rekonstruiert.
Abbildung 31	National Archives and Records Administration (NARA)
Abbildung 32	Library of Congress
Hinweisschilder 1 und 2	London Transportation Museum
Abbildung 33	Library of Congress
Abbildung 34	NARA
Abbildung 35 und 36	Library of Congress
Abbildung 37	MacKinnon Simpson
Abbildung 38	Library of Congress
Abbildung 39 und 40	NARA
Abbildung 41	Siegfried Ramler
Abbildung 42	Library of Congress
Abbildung 43	MacKinnon Simpson
Abbildung 44	NARA
Abbildung 45	Library of Congress
Abbildung 46	USHMM
Abbildung 47	NARA
Abbildung 48	USHMM
Abbildung 49 und 50	Library of Congress
Abbildung 51–53	NARA
Abbildung 54	Sabine Eiche
Abbildung 55	Siegfried Ramler
Abbildung 56	Library of Congress
Abbildung 57	Siegfried Ramler
Abbildung 58	NARA
Abbildung 59–62	Siegfried Ramler

Abbildung 63	Library of Congress
Abbildung 64	USHMM
Abbildung 65	Library of Congress
Abbildung 66–71	USHMM
Abbildung 72–80	Library of Congress
Abbildung 81–84	USHMM
Abbildung 85	NARA
Abbildung 86	USHMM
Abbildung 87–107	Siegfried Ramler
Abbildung 108	American Red Cross
Abbildung 109–114	Siegfried Ramler
Abbildung 115	Punahou School Archives
Abbildung 116	Honolulu Advertiser (Juli 1969)
Abbildung 117 und 118	Siegfried Ramler
Abbildung 119	Punahou School Archives
Abbildung 120–122	Siegfried Ramler
Abbildung 123	Hawaii Maritime Center
Abbildung 124–133	Siegfried Ramler

Die Nürnberger Prozesse
Zur Bedeutung der Dolmetscher für die Prozesse
und der Prozesse für die Dolmetscher
(InterPartes 2)
Von Martina Behr und Maike Corpataux
2006, 94 Seiten, Paperback, Euro 19,90/CHF 34,60, ISBN 978-3-89975-078-2

Wie sah die Arbeit der Dolmetscher bei den Nürnberger Prozessen aus? Wie empfanden sie die Konfrontation mit den größten Nazi-Verbrechern und den von diesen begangenen Grausamkeiten? Inwieweit beeinflusste die Tätigkeit in Nürnberg den späteren Lebensweg der Dolmetscher?

Besonderen Raum nehmen die Erinnerungen des Dolmetschers Siegfried Ramler ein. Ramlers Bemerkungen liefern zum Umgang mit der damals völlig neuen Simultantechnik einen äußerst interessanten Einblick in die Anfänge des Simultandolmetschens.

„Pflichtlektüre für jeden mit den Nürnberger Prozessen befassten Historiker (und Juristen)." (Mitteilungen des Vereins für die Geschichte der Stadt Nürnberg)

Dolmetscher als literarische Figuren
Von Identitätsverlust, Dilettantismus und Verrat
(InterPartes 4)
Von Dörte Andres
2008, 536 Seiten, Paperback, Euro 68,00/CHF 118,00, ISBN 978-3-89975-117-8

In den letzten Jahrzehnten spielt die Figur des Dolmetschers in literarischen Werken vermehrt eine Hauptrolle. An ihr werden aktuelle Themen wie die Suche nach Identität, Fremd- und Anderssein, Migration und kulturelle Hybridität anschaulich dargestellt.

Den literarischen Darstellungen werden kultur-, sprach- und translationswissenschaftliche Erkenntnisse gegenübergestellt. Auf diese Weise wird nicht nur die Kluft zwischen Fiktion und Realität deutlich, sondern auch die Notwendigkeit einer berufsethischen Diskussion zum Rollenbild und Selbstverständnis von Dolmetscherinnen und Dolmetschern.

"Dolmetscher als literarische Figuren is a volume impressive in its scope, focus and potential practical impact." (The Year's Work in Modern Languages Studies)

Ihr Wissenschaftsverlag. Kompetent und unabhängig.

Martin Meidenbauer »
Verlagsbuchhandlung GmbH & Co. KG
Erhardtstr. 8 • 80469 München
Tel. (089) 20 23 86 -03 • Fax -04
info@m-verlag.net • www.m-verlag.net